定冠詞の変化

	男性	中性	女性	複数
1格	der	das	die	die
2格	des	des	der	der
3格	dem	dem	der	den
4格	den	das	die	die

不定冠詞の変化

	男性	中性	女性
1格	ein	ein	eine
2格	eines	eines	einer
3格	einem	einem	einer
4格	einen	ein	eine

定冠詞類（dieser など）の語尾（強語尾）

	男性	中性	女性	複数
1格	-er	-es	-e	-e
2格	-es	-es	-er	-er
3格	-em	-em	-er	-en
4格	-en	-es	-e	-e

不定冠詞類（mein など）の語尾

	男性	中性	女性	複数
1格	—	—	-e	-e
2格	-es	-es	-er	-er
3格	-em	-em	-er	-en
4格	-en	—	-e	-e

形容詞の弱語尾（強語尾は上掲）

	男性	中性	女性	複数
1格	-e	-e	-e	-en
2格	-en	-en	-en	-en
3格	-en	-en	-en	-en
4格	-en	-e	-e	-en

形容詞の語尾の規則

★冠詞類に強語尾がある → 弱語尾
★冠詞類に強語尾がない → 強語尾

人称代名詞

	単　数					複　数			敬称2人称（単複同形）
	1	2	3	3	3	1	2	3	
1格	ich	du	er	es	sie	wir	ihr	sie	Sie
3格	mir	dir	ihm	ihm	ihr	uns	euch	ihnen	lhnen
4格	mich	dich	ihn	es	sie	uns	euch	sie	Sie

再帰代名詞：3人称（単複・3格・4格）→ sich　　1人称・2人称 → 人称代名詞と同一

関係代名詞

	男　性	中　性	女　性	複　数
1格	der	das	die	die
2格	dessen	dessen	deren	deren
3格	dem	dem	der	denen
4格	den	das	die	die

JN112964

Tomoaki Seino
Eva Wölbling

Meine Deutschstunde

Mein Leipzig lob' ich mir!

ドイツ語の時間
〈わくわくライプツィヒ〉

ASAHI VERLAG

特設ホームページ

https://text.asahipress.com/text-web/deutsche/MD/leipzig/

映像 ▶ と音声 🎧 、補助教材などは、
こちらのホームページから！

音声ダウンロード

 音声再生アプリ「**リスニング・トレーナー**」

朝日出版社開発の無料アプリ、「リスニング・トレーナー（リストレ）」を使えば、
教科書の音声をスマホ、タブレットに簡単にダウンロードできます。
どうぞご活用ください。

まずは「リストレ」アプリをダウンロード

» **App Store** はこちら   » **Google Play** はこちら

▼ **アプリ【リスニング・トレーナー】の使い方**

① アプリを開き、「**コンテンツを追加**」をタップ

② QR コードをカメラで読み込む　

③ QR コードが読み取れない場合は、画面上部に　**25460**　を入力し
「**Done**」をタップします

QRコードは㈱デンソーウェーブの登録商標です

表紙デザイン：ease
本文デザイン：mi e ru　渡辺恵
本文イラスト：駿高泰子（Yasuco Sudaka）
写真提供：Sutterstock.com

まえがき

　『ドイツ語の時間 〈わくわくライプツィヒ〉』は、初学者を対象にした、最新の映像付総合教材です。舞台はライプツィヒ。ゲーテも Mein Leipzig lob' ich mir!「私のライプツィヒが好きだ！」と言っているように、ライプツィヒは歴史と文化にあふれた魅力的な町です。音大生のミキが 1 年間ライプツィヒに留学し、ホームステイ先の同級生ラウラと、偶然知り合ったマックスを交えたドイツでの生活が描かれています。そこに加えて、東ドイツ時代の様子や、ドイツ統一の引き金になったライプツィヒの月曜デモもテーマになっています。もちろん、現在のドイツの生活や環境保護などの重要な課題も扱っています。

　スキットはすべて 2022 年夏に敢行したオールロケで撮影され、駅、マルクト、ブティックなど日常的な場所はもちろん、ワイナリー、環境研究センター、シュタージ博物館などこれまでにない場所も収録されています。

　各課は 6 ページで次のようなパーツで構成されています。

1 ページ：	Szene 1		シーン 1 のスキット
2 ページ：	Grammatik	Übungen	文法事項と練習問題
3 ページ：	Szene 2		シーン 2. のスキット
4 ページ：	Grammatik	Übungen	文法事項と練習問題
5 ページ：	Lesetext	Kaleidoskop	読み物テクストとドイツの知識
6 ページ：	Projektarbeit	Schreiben	プロジェクトワーク・作文

　このように最初の 4 ページは、見開きで左にスキット、右にそのスキットに出てくる文法事項と練習問題が配置され、それが 2 回繰り返される構成です。標準的には 1 回の授業で見開きが終わるように設計していますが、もちろん、文法をじっくり勉強することもできます。そのため、補助教材として、「学生用文法補足集」と「追加練習問題集」が pdf で用意されていますので、必要な部分の練習を補えます。

　5 ページ目で、まとまったテクストを読んでみましょう。その下の Kaleidoskop（万華鏡）では、ドイツの歴史や文化を日本語で紹介しています。6 ページ目は自分たちで調べて話したり、書いたりする課題が載っています。インターネットを駆使してドイツ語圏の情報を集めてください。付属の教材で様々な楽しい課題を用意しています。時間と目的に合わせて活用してください。

　楽しみながらドイツ語を学んで、ドイツの歴史や文化に触れてください。新たな発見を通して皆さんの人生がますます豊かになることでしょう。

2023 年春　　清野智昭・Eva Wölblin

Inhalt

ドイツ語圏略地図 ／ ライプツィヒ・ドレスデン中心地略地図
文字と発音　　ii

Lektion 1

Leipzig, ich komme! さあ行くよ、ライプツィヒ！ 　　2

1 動詞の現在人称変化　　2 動詞の位置
3 sein と haben の現在人称変化　　4 不規則動詞の現在人称変化

Kaleidoskop ドイツ連邦共和国 ／ Projektarbeit ▶ Wo ist das?

Lektion 2

Familie Schubert シューベルト家 　　8

1 名詞の性　　2 名詞の4格
3 所有冠詞（1格と4格）

Kaleidoskop 連邦制 ／ Projektarbeit ▶ Wie heißen die Zimmer?

Lektion 3

In der Stadt 町の中で 　　14

1 名詞の複数形　　2 名詞の2格と3格
3 人称代名詞の3格と4格

Kaleidoskop パンの国ドイツ ／ Projektarbeit ▶ Mikis Lieblingsessen

Lektion 4

Mikis Tag ミキの一日 　　20

1 分離動詞　　2 非分離動詞
3 話法の助動詞

Kaleidoskop ドイツ人の日常 ／ Projektarbeit ▶ Wie ist das Wetter?

Lektion 5

Ein Tag im Zoo 動物園での一日 　　26

1 前置詞の格支配　　2 3・4格支配の前置詞　　3 前置詞と定冠詞の融合形　　4 3格支配の前置詞
5 4格支配の前置詞　　6 前置詞と定冠詞の融合形　　7 前置詞句とともに使われる動詞

Kaleidoskop ライプツィヒ動物園 ／ Projektarbeit ▶ Wo ist was im Zoo?

Lektion 6

Arztbesuch 受診 　　32

1 再帰代名詞と再帰動詞
2 命令形

Kaleidoskop ドイツの医療制度 ／ Projektarbeit ▶ Ich bin krank.

Lektion 7

Mikis Geburtstag ミキの誕生日　　38

1 形容詞の格変化
2 比較級と最上級

Kaleidoskop ゲーテと森鴎外とアウアーバッハス・ケラー ／ Projektarbeit ▶ Mode und Kleidung

Lektion 8

Schloss Proschwitz シュロス・プロシュヴィッツ　　44

1 定冠詞類
2 従属接続詞と副文

Kaleidoskop ドイツのワイン ／ Projektarbeit ▶ Weinland Deutschland

Lektion 9

Deutsche Geschichte in Leipzig ライプツィヒにあるドイツの歴史　50

1 現在完了形
2 過去形

Kaleidoskop 旧国家保安省博物館 ／ Projektarbeit ▶ Weltgeschichte

Lektion 10

Dresden ドレスデン　　56

1 受動態
2 関係代名詞

Kaleidoskop 月曜デモ ／ Projektarbeit ▶ Weihnachten

Lektion 11

Umwelt 環境　　62

1 zu 不定詞句
2 未来形

Kaleidoskop ドイツの環境政策 ／ Projektarbeit ▶ Recycling

Lektion 12

Heimreise 帰国　　68

1 接続法　　　　　　　　　2 接続法第2式の人称変化
3 非現実話法　　　　　　　4 接続法の過去の表し方

Kaleidoskop ドイツ語を学ぶこと ／ Projektarbeit ▶ Heimat

不規則動詞変化一覧表（例文付）　　74

ドイツ語圏略地図 （ □ はドイツ語使用地域）

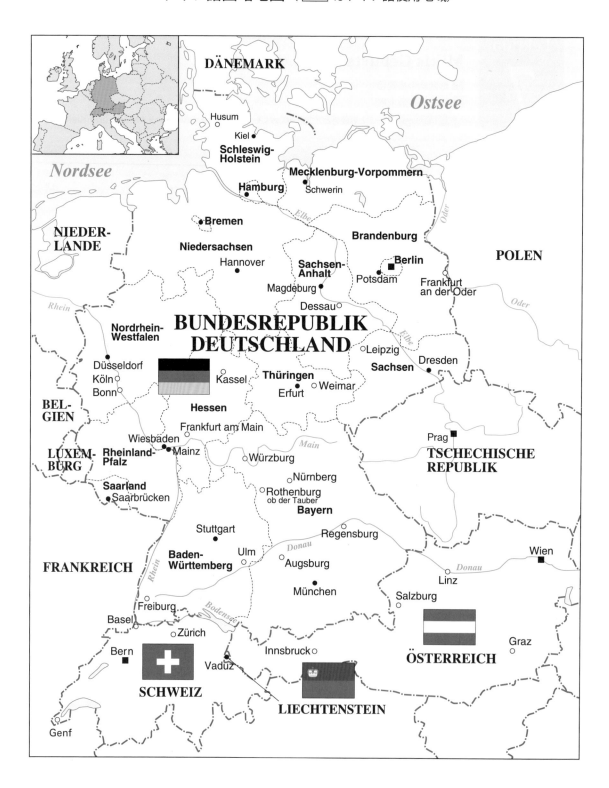

ドイツ語の時間 ＜わくわくライプツィヒ＞
誤植のお知らせ

下記の誤植がございました、お詫びして訂正
いたします。

p. 40
Lektion 7 Szene 2 Dialog
Max の４つ目のセリフ

誤　Max: Ich nehme**n** die Rouladen, bitte.
正　Max: Ich nehme die Rouladen, bitte.

朝日出版社

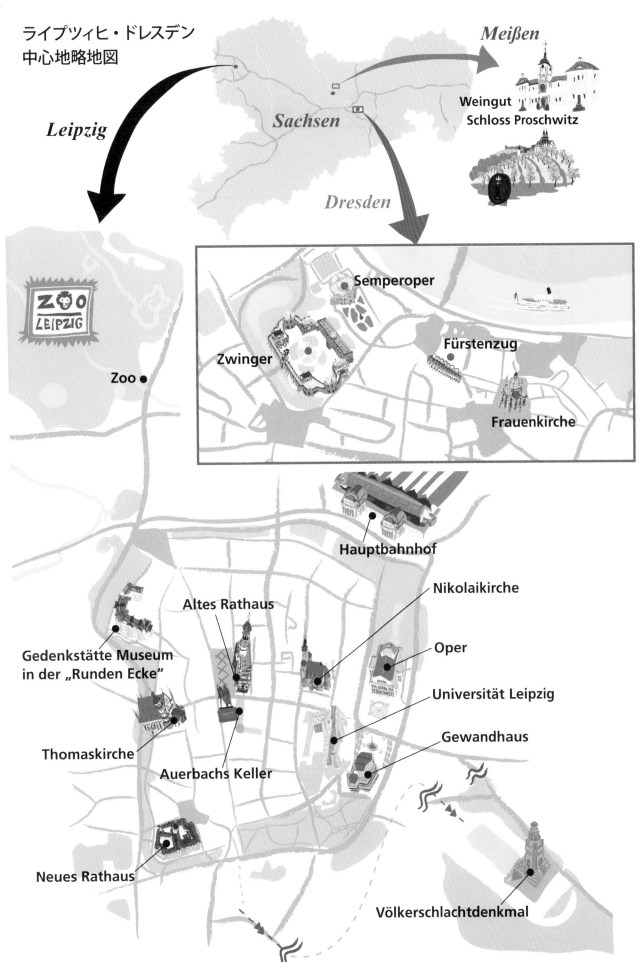

ライプツィヒ・ドレスデン
中心地略地図

Leipzig

Meißen

Sachsen

Weingut
Schloss Proschwitz

Dresden

Semperoper

Zwinger

Fürstenzug

Frauenkirche

ZOO LEIPZIG

Zoo

Hauptbahnhof

Nikolaikirche

Altes Rathaus

Oper

Gedenkstätte Museum
in der „Runden Ecke"

Universität Leipzig

Gewandhaus

Thomaskirche

Auerbachs Keller

Neues Rathaus

Völkerschlachtdenkmal

文字と発音

1 アルファベット (das Alphabet)

A	a	*A*	*a*	[aː]	Q	q	*Q*	*q*	[kuː]
B	b	*B*	*b*	[beː]	R	r	*R*	*r*	[ɛʁ]
C	c	*C*	*c*	[t͜seː]	S	s	*S*	*s*	[ɛs]
D	d	*D*	*d*	[deː]	T	t	*T*	*t*	[teː]
E	e	*E*	*e*	[eː]	U	u	*U*	*u*	[uː]
F	f	*F*	*f*	[ɛf]	V	v	*V*	*v*	[fa͜ʊ]
G	g	*G*	*g*	[geː]	W	w	*W*	*w*	[veː]
H	h	*H*	*h*	[haː]	X	x	*X*	*x*	[ɪks]
I	i	*I*	*i*	[iː]	Y	y	*Y*	*y*	[ýpsilɔn]
J	j	*J*	*j*	[jɔt]	Z	z	*Z*	*z*	[t͜sɛt]
K	k	*K*	*k*	[kaː]					
L	l	*L*	*l*	[ɛl]	Ä	ä	*Ä*	*ä*	[ɛː]
M	m	*M*	*m*	[ɛm]	Ö	ö	*Ö*	*ö*	[øː]
N	n	*N*	*n*	[ɛn]	Ü	ü	*Ü*	*ü*	[yː]
O	o	*O*	*o*	[oː]					
P	p	*P*	*p*	[peː]	ß		*ß*		[ɛst͜sɛ́t]

2 発音とつづり字の読み方

★ ほぼローマ字を読むように読みます。

★ 最初の母音にアクセントがあります。

★ アクセントのある母音は、次の子音が1つなら長く、2つ以上なら短く読みます。

ウムラウトの読み方

ä	[ɛː] [ɛ]	Bär	クマ	Lärm	騒音
ö	[øː] [œ]	Flöte	フルート	können	～できる
ü	[yː] [ʏ]	üben	練習する	dürfen	～してよい

注意すべき母音の読み方

ei	[aɪ]	eins	1	zwei	2
ie	[iː]	Brief	手紙	Liebe	愛
eu	[ɔʏ]	Europa	ヨーロッパ	heute	今日
äu	[ɔʏ]	Fräulein	お嬢さん	träumen	夢見る

注意すべき子音の読み方

ch	[x] (a, o, u, au の後で)	Bach	バッハ	noch	まだ
		Buch	本	auch	…も
	[ç] (それ以外)	ich	私	Märchen	メルヘン
chs	[ks]	sechs	6	Fuchs	キツネ
ig (語末)	[ɪç]	König	王様	ruhig	静かな
j	[j]	ja	はい	Japan	日本
pf	[pf]	Apfel	リンゴ	Kopf	頭
s +母音	[z]	sagen	言う	Sonne	太陽
ss, ß	[s]	Fluss	川	Fuß	足
sch	[ʃ]	Schule	学校	Englisch	英語
sp (語頭)	[ʃp]	Sprache	言語	springen	跳ぶ
st (語頭)	[ʃt]	Student	学生	Straße	通り
tsch	[tʃ]	Deutsch	ドイツ語	tschüs	バイバイ
tz	[ts]	Katze	ネコ	jetzt	今
v	[f]	Vater	父親	viel	たくさん
w	[v]	Wasser	水	Wort	単語
z	[ts]	Zeit	時間	tanzen	踊る
b (語末)	[p]	halb	半分の	lieb	愛らしい
d (語末)	[t]	Hund	犬	Kind	子ども
g (語末)	[k]	Tag	日	Weg	道

【発音練習】

日本人に特に難しい発音を集中的に練習しましょう。

母 音

[uː] 日本語の「ウ」を発音するときよりも、唇を丸くすぼめて前に突きだして発音します。
　　U-Bahn 地下鉄　　　　　　du 君　　　　　　Ute ウーテ（女性の名前）

[eː] 日本語の「エ」よりも口を横に開きます。「エ」と「イ」の中間の音です。
　　Leben 生活　　　　　　Tee お茶　　　　　　Ehre 名誉

[ɛː] 日本語の「エ」よりも口を縦に開きます。「ア」の唇で「エ」という感じです。
　　Käse チーズ　　　　　　Ähre 稲穂

[øː][œ] 唇を「オ」を発音するように丸めて、「エ」を発音するときのように舌を持ち上げて発音します。
　　Österreich オーストリア　　　Öl 油　　　　　　Köln ケルン

[yː][ʏ] 唇を [uː] を発音するように丸く前に突きだし、「イ」を発音するときのように舌を持ち上げて
　　　発音します。
　　Übung 練習　　　　　　süß 甘い　　　　　　küssen キスする

子 音

[r] 舌先を下の前歯に軽く付けて、舌の奥を持ち上げてのどひこをふるわせます。うがいをするときに
　　出るような音です。
　　Rad 自転車　　　　　　rot 赤い　　　　　　retten 救う

[z] [s] の有声音ですが、舌先が前歯にくっつかないように気を付けてください。日本語のザ行は語頭
　　では [dz] で、語中では [z] なので、特に語頭の [z] の音を練習する必要があります。
　　Sie あなた　　　　　　sieben 7　　　　　　Süden 南

【聞き取り練習】

次のどちらを発音していますか？　よく聞いて正しい方に○を付けましょう。

1) lieben 愛する　　—　　leben 生きる
2) schon すでに　　—　　schön 美しい
3) Bäcker パン屋　　—　　Wecker 目覚まし時計
4) Rachen のど　　—　　Lachen 笑い

1-06 **あいさつ**

Guten Morgen!	おはよう（ございます）	Guten Tag!	こんにちは
Guten Abend!	こんばんは	Gute Nacht!	おやすみ
Wie geht es dir?	元気？	Danke, mir geht es gut.	元気です。
Wie geht es Ihnen?	お元気ですか？		

1-07 **季節・月・曜日**

Frühling	春	Januar	1月	Juli	7月	Montag	月曜日
Sommer	夏	Februar	2月	August	8月	Dienstag	火曜日
Herbst	秋	März	3月	September	9月	Mittwoch	水曜日
Winter	冬	April	4月	Oktober	10月	Donnerstag	木曜日
		Mai	5月	November	11月	Freitag	金曜日
		Juni	6月	Dezember	12月	Samstag	土曜日
						(Sonnabend)	
						Sonntag	日曜日

1-08 **数　字**

0 null	12 zwölf	
1 eins	13 dreizehn	29 neunundzwanzig
2 zwei	14 vierzehn	30 dreißig
3 drei	15 fünfzehn	40 vierzig
4 vier	16 sechzehn	50 fünfzig
5 fünf	17 siebzehn	60 sechzig
6 sechs	18 achtzehn	70 siebzig
7 sieben	19 neunzehn	80 achtzig
8 acht	20 zwanzig	90 neunzig
9 neun	21 einundzwanzig	100 (ein)hundert
10 zehn	22 zweiundzwanzig	200 zweihundert
11 elf	23 dreiundzwanzig	325 dreihundertfünfundzwanzig

1000 (ein)tausend   5678 fünftausendsechshundertachtundsiebzig

10 000 zehntausend   100 000 hunderttausend

1 000 000 eine Million

*年号の場合、1964 は neunzehnhundertvierundsechzig と読みます。ただし、2000 以上はそのまま読みます。
2007 = zweitausendsieben

v

Leipzig, ich komme!

さあ行くよ、ライプツィヒ！

Szene 1   **Am Hauptbahnhof Leipzig** ライプツィヒ中央駅

東京の音大生のミキは一年間の留学のためライプツィヒにやってきました。

Miki: Leipzig, ich komme!

Oh, nein!

Max: Aua, hey!

Miki: Entschuldigung! Oh, nein, mein Rucksack!

Max: Suchst du das hier?

Miki: Mein Rucksack!

Danke! Wie heißt du?

Max: Ich bin Max. Und du?

Miki: Ich heiße Miki, Miki Harada. Kommst du aus Leipzig?

Max: Ich? Nein, ich komme aus Nürnberg, in Bayern. Aber ich studiere und wohne jetzt hier. Und woher kommst du?

Miki: Aus Japan, aus Yokohama.

Max: Oh. Das ist ja interessant.

Grammatik

1 動詞の現在人称変化

ドイツ語の動詞は、主語に応じて語尾が変化します。

不定詞：Deutsch lernen「ドイツ語を勉強する」

		単数					複数		
1人称	（私）	ich	lerne	Deutsch		（私たち）	wir	lernen	Deutsch
2人称	（君）	du	lernst	Deutsch		（君たち）	ihr	lernt	Deutsch
3人称	（彼） （それ） （彼女）	er es sie	lernt	Deutsch		（彼ら）	sie	lernen	Deutsch
敬称2人称		（あなた・あなた方）			Sie	lernen	Deutsch		

- 動詞は語幹と語尾で成り立ち、**語尾が主語に応じて変化します。**
- 主語の決まった形を定形、もとの形を不定形（-en または -n で終わる）といいます。
- 2人称には気を遣わなくてよい相手に使う du（君）/ ihr（君たち）と、一般的な間柄の相手に使う Sie（単複同形）があります。
- warten「待つ」、finden「見つける」のように、語幹が -t/-d で終わる動詞は、du wartest / er wartet / ihr wartet, du findest / er findet / ihr findet のように2人称と3人称の語尾に発音の都合で、-e- が入ります。
- heißen「...という名前である」、reisen「旅行する」、tanzen「踊る」など、語幹が -s/-ß/-z で終わる動詞は主語が du のとき、du heißt / reist / tanzt のように、語尾に -t だけを付けます。

2 動詞の位置

平叙文： 2番目の位置に置きます。

        Ich lerne heute Deutsch.   私は今日ドイツ語を勉強します。

        Heute lerne ich Deutsch.   今日私はドイツ語を勉強します。

決定疑問文： 文頭に置きます。

        Lernen Sie heute Deutsch?   あなたは今日ドイツ語を勉強しますか？

補足疑問文： 疑問詞を文頭に、その次に動詞を置きます。

        Was lernen Sie heute?   何をあなたは今日勉強しますか？

Übungen

1. 次の動詞の語幹と語尾の間に lern|en のように縦棒（ | ）を入れましょう。さらに、それぞれの動詞を人称変化させましょう。

1) spielen   プレーする、演奏する   2) wohnen   住む
3) studieren   （大学で）専攻する   4) heißen   ...という名前だ
5) reisen   旅行する   6) warten   待つ

2. 下線部に（ ）の動詞を正しい形にして文を完成させましょう。

1) Wie ＿＿＿＿＿＿＿ du? – Ich ＿＿＿＿＿＿＿ Max. (heißen)
2) Wo ＿＿＿＿＿＿＿ Sie? – Wir ＿＿＿＿＿＿＿ in Leipzig. (wohnen)
3) Was ＿＿＿＿＿＿＿ Miki? – Sie ＿＿＿＿＿＿＿ Geige. (spielen)
4) ＿＿＿＿＿＿＿ du schon lange? – Ja, ich ＿＿＿＿＿＿＿ schon lange. (warten)
5) Wohin ＿＿＿＿＿＿＿ er? – Er ＿＿＿＿＿＿＿ nach Berlin. (reisen)
6) Was ＿＿＿＿＿＿＿ ihr? – Wir ＿＿＿＿＿＿＿ Jura. (studieren)

Lektion

1

Szene 2　**Noch am Hauptbahnhof Leipzig** まだライプツィヒ中央駅

ミキとマックスが歩いていくと、ラウラがイライラして待っています。

Laura: Ah, Miki. Da bist du ja endlich. Ich warte und warte hier!

Miki: Hallo, Laura. Tut mir leid.

Laura: Na, kein Problem. Wie geht es dir?

Miki: Sehr gut, danke.

Laura: Und wer bist du?

Max: Maximilian Bauer. Freut mich.

Laura: Hallo.

Miki: Das ist Laura. Ich bin ein Jahr in Deutschland und wir wohnen zusammen.

Max: Sprichst du Japanisch, Laura?

Laura: Nein. Miki spricht sehr gut Deutsch. Das reicht. Wir gehen nach Hause.

Max: Ah, Miki. Wir telefonieren später.

Grammatik

3 **sein と haben の現在人称変化**

sein（英語の *be*）と haben（英語の *have*）は特殊な変化をします。

sein 「~である」			
ich	bin	wir	sind
du	bist	ihr	seid
er	ist	sie	sind
	Sie	sind	

haben 「持っている」			
ich	habe	wir	haben
du	hast	ihr	habt
er	hat	sie	haben
	Sie	haben	

Wer bist du? – Ich bin Max.

 君は誰？ – 僕はマックスです。

Hast du Hunger? – Ja, ich habe Hunger und Durst.

 君はお腹が空いている？ – はい、私はお腹が空いていて、喉も渇いています。

4 **不規則動詞の現在人称変化**

動詞の中には、主語が2人称単数（du）と3人称単数（er/es/sie）のとき、語幹の母音が変化するものがあります。大きく分けて、e が i（または ie）になるものと、a が ä になるものがあります。

sprechen 「話す」			
ich	spreche	wir	sprechen
du	sprichst	ihr	sprecht
er	spricht	sie	sprechen
	Sie	sprechen	

fahren 「（乗り物で）行く」			
ich	fahre	wir	fahren
du	fährst	ihr	fahrt
er	fährt	sie	fahren
	Sie	fahren	

Miki spricht sehr gut Deutsch.

 ミキはとても上手にドイツ語を話します。

Sie fährt morgen nach Berlin.

 彼女は明日ベルリンへ行きます。

Übungen

1. sein または haben を正しい形にして下線部に入れて、文を完成させましょう。

1) _____ Sie müde? – Nein, ich _____ gar nicht müde.

2) Wo _____ Miki jetzt? – Sie _____ jetzt zu Hause.

3) _____ ihr Hunger? – Ja, wir _____ Hunger.

4) _____ du morgen Unterricht? – Ja, ich _____ morgen Deutschunterricht.

2. （　）の動詞を正しい形にして下線部に入れて、文を完成させましょう。

1) Was _____ du gern? – Ich _____ gern Obst. (essen)

2) Was _____ Miki? – Sie _____ Deutsch, Englisch und Japanisch.
(sprechen)

3) Wohin _____ du heute? – Ich _____ heute nach München. (fahren)

Leipzig

Deutschland liegt in Mitteleuropa. Die Hauptstadt ist Berlin. Miki studiert jetzt in Leipzig. Leipzig liegt in Sachsen. Polen und Tschechien sind Nachbarn. Leipzig ist nicht die Hauptstadt von Sachsen, sondern Dresden. Aber Leipzig ist sehr groß. Die Stadt hat fast 600.000 Einwohner. Leipzig ist wirtschaftlich und kulturell sehr

5   wichtig in Deutschland.

Kaleidoskop

ドイツ連邦共和国

ドイツは正式名称をドイツ連邦共和国（Bundesrepublik Deutschland, BRD）といい、中央ヨーロッパに位置する大国です。日本からは直線距離で約 9000 キロメートル、飛行機では直行便で約 12 時間かかります。ドイツは 1945 年の第二次世界大戦後、西側をアメリカ、イギリス、フランスの連合国に、東側をソビエト連邦に占領統治され、それぞれの占領地区から、1949 年に西側はドイツ連邦共和国、東側はドイツ民主共和国（Deutsche Demokratische Republik, DDR）が成立し、分断国家としての道を歩き始めました。東西冷戦の最前線にあった両国ですが、1980 年代後半から活発になった東ドイツの民主化運動の末、1989 年に分断の象徴であったベルリンの壁が崩壊し、翌 1990 年に東ドイツが西ドイツに吸収される形で東西ドイツは統一し、拡大したドイツ連邦共和国として新しくスタートしました。現在では、ヨーロッ

パ連合の中心国として、政治的、経済的にヨーロッパを率いる立場にあります。同じ第二次世界大戦の敗戦国としてスタートした日本にとっては多くの面で、参考にすべき国であると言えます。

Projektarbeit   **Wo ist das?**

地図を見て、下線に国名を入れましょう。そして、自分で好きな都市を選んでクラスメートとどの国にあるか会話してみましょう。

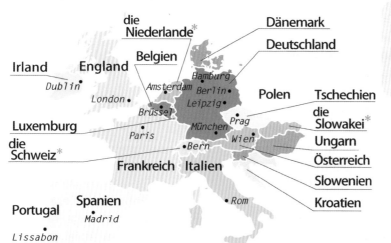

* の付いた国は in ととも に使われると次のようにな ります：**in der Schweiz / in der Slowakei / in den Niederlanden**。

例 Wo ist Berlin?   Berlin ist in Deutschland.

1. Wo ist Leipzig?   Leipzig ist in _____.

2. Wo ist Rom?   Rom ist in _____.

3. Wo ist Paris?   Paris ist in _____.

4. Wo ist Wien?   _____.

5. Wo ist Madrid?   _____.

6. Wo ist _____?   _____.

Schreiben

ミキの例を参考にして、Steckbrief（人物調査票）を埋め、自分自身について書いてみよう。クラスメートについても書きましょう。

Vorname:	Miki
Familienname:	Harada
Herkunft:	Japan
Wohnort:	Leipzig
Sprache:	Japanisch, Deutsch
Studium:	Musik

1. Ich heiße   Miki Harada .

2. Ich komme aus   Japan .

3. Ich wohne in   Leipzig .

4. Ich spreche   Japanisch und Deutsch .

5. Ich studiere   Musik .

主な専攻名

Biologie 生物　Geschichte 歴史　Jura 法学
Kunst 芸術　Literatur 文学　Technik 工学
Medizin 医学　Pharmazie 薬学　Physik 物理
Wirtschaft 経済

Lektion 2

Familie Schubert
シューベルト家

Szene 1 **Immer noch am Hauptbahnhof Leipzig**
まだまだライプツィヒ中央駅

ラウラはミキの荷物を持ってさっさと家に向かいます。

Laura: Hast du den Koffer und den Rucksack? Der Koffer ist bestimmt schwer.

Miki: Ja, schon. Aber das ist kein Problem.

Laura: Ach, du bist zu langsam. Ich trage den Koffer. Wir nehmen jetzt die Straßenbahn. Dann sind wir in 10 Minuten zu Hause.

Laura: Hast du eigentlich ein Handy?

Miki: Nein, ich habe noch kein Handy.

Laura: Alles, klar. Das kaufen wir gleich morgen.

Grammatik

1 名詞の性

ドイツ語の名詞は必ず男性・中性・女性のいずれかの文法上の性を持ち、それに応じて、冠詞の形が変わります。人間を表す名詞はほぼ自然の性と文法上の性は一致しますが、事物の場合は特に理由がないので、名詞を覚えるときは定冠詞と一緒に覚えます。

	定冠詞	不定冠詞	否定冠詞	代名詞
男性	der Mann / der Koffer	ein Mann / ein Koffer	kein Mann / kein Koffer	er
中性	das Kind / das Buch	ein Kind / ein Buch	kein Kind / kein Buch	es
女性	die Frau / die Tasche	eine Frau / eine Tasche	keine Frau / keine Tasche	sie

１つのものを表す名詞が会話に初めて導入されるときは不定冠詞を使い、すでに導入されたものや聞き手が特定できるものには定冠詞を使います。また、不定冠詞の付いた名詞を否定するときは否定冠詞を使います。

Was ist das? – Das ist ein Koffer. これは何ですか？ – これはトランクです。

Ist der Koffer schwer? – Ja, er ist sehr schwer. / Nein, er ist nicht schwer.

> そのトランクは重いですか？ – はい、それはとても重いです。 / いいえ、それは重くありません。

Ist das ein Buch? – Nein, das ist kein Buch. Das ist ein Heft.

> これは本ですか？ – いいえ、これは本ではありません。これはノートです。

2 名詞の４格

名詞を動詞の直接目的語（「〜を」）として使うときは「４格」という形にします。中性名詞、女性名詞はもとの形（「１格」）と同じですが、男性名詞だけは前に付く冠詞が **den/einen/keinen** になります。

Hast du einen Rucksack? 君はリュックサックを持っていますか？

– Ja, ich habe einen Rucksack. / Nein, ich habe keinen Rucksack.

> – はい、私はリュックサックを持っています。 / いいえ、私はリュックサックを持っていません。

Übungen

1. 例にならい、与えられた名詞を使って、「これは〜ですか？」–「はい、それは〜です。」／「いいえ、それは〜ではありません」という文を作りましょう。

> 例　der Rucksack: Ist das ein Rucksack?
>   – Ja, das ist ein Rucksack. / Nein, das ist kein Rucksack.

1) der Computer コンピューター　　2) die Tasche カバン　　3) das Auto 車

4) das Fahrrad 自転車　　5) der Fernseher テレビ　　6) die Kamera カメラ

2. 上の単語を使い、「あなたは〜を持っていますか？」–「はい、私は〜を持っています。」／「いいえ、私は〜を持っていません。」という会話を作りましょう。

> 例　Haben Sie einen Rucksack?
>   – Ja, ich habe einen Rucksack. / Nein, ich habe keinen Rucksack.

Szene 2　　**Bei Familie Schubert** シューベルト家

ラウラの自宅シューベル家に到着しました。

Laura: So, da sind wir. Hier wohnt Familie Schubert.

Hallo! Ich bin wieder da! Mutti? Bist du zu Hause?

Frau Schubert: Hallo, Laura. Oh! Und da ist ja auch Miki. Herzlich willkommen in Leipzig.

Miki: Guten Tag. Ihre Wohnung ist sehr schön, Frau Schubert.

Frau Schubert: Danke. Wir sagen „du", o. k.? Ich bin Sabine.

Miki: O. k., dann Sabine. Freut mich.

Frau Schubert: Meinen Mann, also Lauras Vater, Roland, triffst du heute Abend. Er arbeitet noch. Er ist Beamter von Beruf.

Laura: Miki, dein Zimmer ist gleich hier. Wie findest du es? Mein Stil ist unschlagbar, oder!?

Miki: Oh, es ist sehr schön und so groß. Mein Zimmer in Japan ist klein.

Laura: Da ist dein Bett, dein Schreibtisch, dein Schrank ... Und du hast sogar einen Spiegel.

Grammatik

1-25 **3** 所有冠詞（1格と4格）

「誰それの」を表す所有冠詞には次のものがあります。

	1人称	2人称	3人称		2人称敬称
単数	mein 私の	dein 君の	sein 彼の・それの	ihr 彼女の	Ihr あなたの・あなた方の
複数	unser 私たちの	euer 君たちの	ihr 彼らの		

所有冠詞は不定冠詞と同じ変化をします。

	男性名詞		中性名詞		女性名詞	
1格「～が」	mein	Mann	mein	Kind	meine	Frau
4格「～を」	meinen	Mann	mein	Kind	meine	Frau

1-26
Dein Zimmer ist groß. Mein Zimmer ist klein.

君の部屋は大きい。　私の部屋は小さい。

Ich finde dein Zimmer sehr schön.

私は君の部屋をとてもきれいだと思う。

• euer「君たちの」は語尾が付くと、eur- の形になります。

Wie alt ist eure Tochter? – Unsere Tochter ist 12 Jahre alt.

君たちの娘さんは何歳ですか？ – 私たちの娘は12歳です。

Übungen

1-27 1. 例にならって、文を作りましょう。

例　Sie hat eine Tasche. (schön)　→　**Ihre Tasche ist schön.**

彼女はバッグを持っています。（美しい）　彼女のバッグは美しい。

1) Ihr habt ein Haus. (groß)

2) Ich habe einen Garten. (klein)

3) Er hat einen Hund. (niedlich)

4) Sie haben eine Wohnung. (neu)

1-28 2. 下線部に正しい語尾を入れて（男性1格、中性1格・4格で語尾がない場合は×を入れて）、文を完成させましょう。名詞の性は日本語訳に書いてあります。

1) Sein＿＿＿＿ Frau ist Ärztin.　　彼の妻［女性］は医者です。

2) Ich finde mein＿＿＿＿ Brille nicht.　　私は自分のメガネ［女性］が見つけられない。

3) Wie findest du mein＿＿＿＿ Spiegel?　　私の鏡［男性］をどう思う？

4) Wir feiern morgen ihr＿＿＿＿ Geburtstag.　　私たちは明日彼女の誕生日［男性］をお祝いする。

5) Unser＿＿＿＿ Sohn ist jetzt 18 Jahre alt.　　私たちの息子［男性］は今18歳です。

6) Wir sehen sein＿＿＿＿ Tochter morgen.　　私たちは彼の娘［女性］に明日会います。

Lektion 2

Laura und ihre Familie

Laura ist Musikstudentin in Leipzig. Sie spielt Geige wie Miki. Ihr Vater Roland ist Beamter von Beruf und ihre Mutter Sabine ist Ärztin. Sie hat einen Bruder. Er heißt Lars. Er studiert Betriebswirtschaftslehre in Dresden und wohnt auch dort. Deshalb sieht Laura ihren Bruder nicht oft. Miki benutzt jetzt sein Zimmer. Laura gestaltet
5　das Zimmer für Miki.

Kaleidoskop

連邦制

ドイツは 16 州（Bundesland, Bundesländer）からなる連邦制国家です。1990 年 10 月 3 日の東西ドイツ統合の際に、ドイツ民主共和国がドイツ連邦共和国へ編入され、あらたにブランデンブルク州、メクレンブルク＝フォアポンメルン州、ザクセン州、ザクセン＝アンハルト州、チューリンゲン州の新 5 州が加わりました。東ベルリンの 11 区はベルリン州に併合されました。ベルリン、ハンブルク、ブレーメンは都市でありながら州の権限を持つ都市州という特別な地位を持っています。

連邦制における州は、日本の県に比べて、強大な自治権を持っており、各州が独自の憲法を持っています。連邦（Bund）と州は、お互いの権限において対等の地位を持っています。特徴的なのは「文化高権（Kulturhoheit）」で、各州は学校制度・大学制度などの分野において独自の法律を定めることを意味しています。大学入学資格試験（Abitur）の内容も州によって違います。

Wie heißen die Zimmer?

それぞれの部屋を、何と呼びますか？ 与えられた単語を参考に、調べましょう。

1	....
2	....
3	....
4	der Flur
5	....
6	....
7	....
8	der Balkon

Lektion
2

Schreiben

1. あなたの家族の紹介文を書きましょう。

例 Mein Vater ist Ingenieur von Beruf und meine Mutter arbeitet als Krankenschwester. Mein Bruder ist Student und meine Schwester ist Schülerin.

....
....
....

職業名など　男性形／女性形

会社員 Angestellter/Angestellte	医者 Arzt/Ärztin	農家 Bauer/Bäuerin
公務員 Beamter/Beamtin	商人 Händler/Händlerin	主夫／主婦 Hausmann/Hausfrau
技師 Ingenieur/Ingenieurin	教師 Lehrer/Lehrerin	年金生活者 Rentner/Rentnerin
生徒 Schüler/Schülerin	学生 Student/Studentin	

2. クラスメートの家族の職業を尋ね、書きましょう。

Vater: ....
Mutter: ....
_____ ....
_____ ....

Lektion

3

In der Stadt

町の中で

Szene 1   **Auf dem Markt** 市場で

ラウラはミキに市内を案内して、マルクト広場にやってきます。今日はマルクト（市場）が立っている日です。

Laura:	Guten Tag.
Verkäuferin:	Guten Tag. Was möchten Sie?
Laura:	Ich brauche 10 Tomaten und 1 Kilo Kartoffeln.
Verkäuferin:	Gerne. Sonst noch etwas? Die Kirschen sind heute im Angebot.
Laura:	Oh, die sind aber günstig. Ja, dann noch 500 Gramm Kirschen.
Verkäuferin:	Sonst noch etwas?
Laura:	Nein, danke. Das ist alles.
Verkäuferin:	Danke, das macht 7,30 Euro.

Grammatik

(1-31) **1** 名詞の複数形

複数形は単数形をもとにして作られ、大きく分けて５つのタイプがあります。

複数形に付く冠詞は（単数形の性には関係なく）die です。 1格と4格は同じ形です。

① 無語尾式	der Lehrer	→ die Lehrer （男性）教師	der Vogel	→ die Vögel	鳥
② -e式	das Heft	→ die Hefte ノート	die Nacht	→ die Nächte	夜
③ -er式	das Kind	→ die Kinder 子ども	das Haus	→ die Häuser	家
④ -(e)n式	die Blume	→ die Blumen 花	die Frau	→ die Frauen	女性
⑤ -s式	das Auto	→ die Autos 車			

※ 辞書等では，*r* Lehrer, -　*s* Heft, -e　*e* Nacht, Nächte のように記載されることが多い。

(1-32) **Übungen**

Lektion
3

1. 市場での会話を聞いて、下線部を埋めましょう。

Miki: Guten Tag.

Verkäuferin: Guten Tag. Was möchten Sie?

Miki: Ich hätte gern _____ _____ und _____ _____ .

Verkäuferin: Gerne. Sonst noch etwas? _____ _____ sind heute im Angebot.

Miki: Was kostet _____ _____ _____ ?

Verkäuferin: 2,20 Euro.

Miki: Oh, die sind aber günstig. Ja, dann noch _____ _____ .

Verkäuferin: Sonst noch etwas?

Miki: Nein, danke. Das ist alles.

Verkäuferin: Das macht _____ Euro, bitte.

語句

der Apfel, Äpfel リンゴ　*die* Orange, -n オレンジ　*die* Banane, -n バナナ　*die* Birne, -n 西洋ナシ
die Tomate, -n トマト　*die* Gurke, -n キュウリ　*die* Aubergine, -n ナス
die Kartoffel, -n ジャガイモ　*die* Zwiebel, -n タマネギ　*das* Kilo, (-s) キロ　*das* Netz, -e ネット

(1-33) 2. 次の文をドイツ語にしましょう。

1) 彼女には子どもが３人いる。(haben) _____

2) ラウラは４つの言語を話す。(sprechen) _____

3) そこに (da) ２台の車が停まっている。(parken) _____

4) あそこで（dort）多くの（viele）鳥が鳴いている。(singen) _____

Szene 2 **Vor dem Bratwurstimbiss** 焼きソーセージ・インビスの前で

マルクトでの買い物を終えた二人が歩いていると焼きソーセージを売っている所がありました。

Laura: Ah, da ist ein Imbiss. Miki, hast du Hunger?

Miki: Ja, ich habe viel Hunger.

Laura: Gut, dann holen wir uns zwei Thüringer Bratwürste.

Miki: Oh, das ist Max. Warum?

Laura: O. k., dann wartest du hier und ich hole dir die Wurst. Mit Senf oder mit Ketchup?

Miki: Mit Ketchup, bitte.

Laura: So, bitte. Hier ist deine Bratwurst mit Ketchup.

Miki: Danke.

Laura: Und? Schmeckt dir die Bratwurst?

Miki: Ja, die Wurst ist super. Ich danke dir. Ich gebe dir das Geld später.

Laura: Ach, Quatsch. Ich schenke sie dir.

Grammatik

(1-35) **2** 名詞の2格と3格

2格は「〜の」と所有や所属の関係を表します。男性・中性では名詞自体にも -s または -es の語尾が付きます。

3格は、主に間接目的語（「〜に」）として使われるほか、いくつかの前置詞の後で使われます（→5課）

		男性	中性	女性	複数
2格	定冠詞	des Mannes	des Kindes	der Frau	der Kinder
	不定冠詞	eines Mannes	eines Kindes	einer Frau	(von Kindern)
3格	定冠詞	dem Mann	dem Kind	der Frau	den Kindern
	不定冠詞	einem Mann	einem Kind	einer Frau	Kindern

(1-36)
- 2格の名詞はそれが修飾する名詞の後ろからかかります。

  das Spielzeug der Kinder　その子どもたちのおもちゃ

- **複数3格の名詞には -n を付けます。**（複数1格の形ですでに語尾が -n の名詞（Blumen など）および -s の名詞（Autos）などは除く）。

  Ich schenke den Kinder**n** Schokolade.　私はその子どもたちにチョコレートをプレゼントします。

(1-37) **3** 人称代名詞の3格と4格

人称代名詞も格に応じて変化します。なお、人称代名詞の2格はふつう使われず、所有を表すときは所有冠詞（→2課）を用います。

	私	君	彼	それ	彼女	私たち	君たち	彼ら	あなた（方）
1格（が）	ich	du	er	es	sie	wir	ihr	sie	Sie
3格（に）	mir	dir	ihm	ihm	ihr	uns	euch	ihnen	Ihnen
4格（を）	mich	dich	ihn	es	sie	uns	euch	sie	Sie

3格（…に）　Ich gebe dir den Kuli.　私は君にそのボールペンをあげる。
4格（…を）　Ich liebe dich.　私は君を愛しています。

(1-38)
- 人称代名詞は名詞よりも前に置かれます。　　Er schenkt ihr das Buch.
- 人称代名詞が並ぶときは，4格—3格の順番になります。

  Er schenkt **der Frau** das Buch. → Er schenkt es ihr.

Übungen

(1-39) カッコの名詞または代名詞を3格にして文を完成させましょう。

1) Sie kauft _____ ein Fahrrad.（er）

2) Ich schenke _____ das Buch.（du）

3) Gibt er _____ viel Taschengeld?（die Kinder）

Frühstück kocht man nicht. Frühstück macht man. Denn in Deutschland frühstückt man oft kalt. Dann gibt es Brot, Butter und Wurst, Käse oder Marmelade. Auch Brötchen sind sehr beliebt. Es gibt natürlich auch eine Tasse Kaffee, Tee oder ein Glas Saft zum Frühstück. Sonntags frühstücken die Deutschen sehr lange und

5   gemütlich. Das ist sehr entspannend. Das Mittagessen kocht man, denn es ist warm. Na dann: „Guten Appetit!"

Kaleidoskop

パンの国ドイツ

ドイツ人はパンをよく食べます。「天にまします我らの父よ」で始まる主の祈りの中に「我らの日々のパンを我らに与え給え（Unser tägliches Brot gib uns heute.）」とあるようにドイツの食糧の中心にあります。ドイツパン協会によると、現在、3000種類のパンがあるそうです。白パン（Weißbrot）、黒パン（Schwarzbrot）、全粒粉パン（Vollkornbrot）、プンパーニッケル（Pumpernickel；ライ麦の全粒粉で作られた四角で薄いパン）は、日常的に食されています。なんとドイツの成人は1年で21キロのパンを食べるそうです。ほぼ全ての店が閉まっている日曜日でも、パン屋だけは開いていて、人々は日曜日の朝食を焼きたてのブレートヒェン（Brötchen；丸い小さなパン）でゆっくりと味わいます。

das Weißbrot

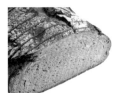

das Schwarzbrot

das Vollkornbrot

der Pumpernickel

das Brötchen

Mikis Lieblingsessen

ミキはもちろん焼きソーセージが好きです。でも、ドイツで一番好きな食べ物はジャガイモスープ。
彼女のお気に入りのレシピを読んでください。材料の量はあなたが作りたい人数分にしてください。

Rezept für 2 Personen
Du brauchst:

| 500g Kartoffeln | 250g Karotten | 125g Sellerie | 100g Zwiebeln |
| Salz, Pfeffer | Majoran | Wiener Würstchen | 2 Scheiben Brot |

Du wäschst und schälst _____ Kartoffeln, _____ Karotten, _____
Sellerie und _____ Zwiebeln.

Du schneidest alles grob. Dann kochst du alles 30 Minuten in einem großen
Topf. Das Wasser braucht etwas Salz und der Topf braucht einen Deckel.

Am Ende den Majoran 5 Minuten mitkochen.
Das Gemüse ist jetzt weich.

Jetzt pürierst du das Gemüse. Das Kochwasser brauchst
du noch. Du mischst das Gemüsepüree jetzt mit dem
Kochwasser.

Du brauchst auch Wiener Würstchen oder Bockwürste und ein paar Scheiben
frisches Brot.

Schreiben

あなたの好きな食べ物は何ですか？ ドイツ語でレシピを書きましょう。クラスでレシピを集めて、
料理本を作りましょう。

Rezept für 2 Personen

Wie viel?	Was?	Was tun?
....	....	....
....	....	....
....	....	....
....	....	....
....	....	....
....	....	....

次の接続詞を使うと、料理の手順がうまく書けます。

zuerst はじめに
dann / und dann そして
danach / und danach それから
zum Schluss 最後に

Lektion
3

Mikis Tag

ミキの一日

Szene 1   **Mein Alltag** 私の日常

ミキは自分の一日を紹介する動画を作成しています。そこにラウラが…

Miki: Das ist mein Tag.

Miki: Ich stehe um 7 Uhr auf.

Laura: Du verschläfst aber oft.

Miki: Und ich frühstücke um 7:30 Uhr.

Laura: Du hast doch gar keine Zeit. Du rennst und isst.

Miki: Von 8:30 bis 10 Uhr habe ich ein Seminar, dann bis 12 Uhr besuche ich eine Vorlesung.

Miki: Danach esse ich Mittagessen. Ich habe meistens um 16 Uhr Schluss.

Laura: Warum kommst du dann oft so spät zu Hause an?

Miki: Ich kaufe oft ein.

Miki: Am Abend übe ich zuerst Geige. Dann mache ich meine Hausaufgaben und lerne Deutsch.

Laura: Aber du schläfst dabei oft ein.

Miki: Das passiert nur manchmal.

Grammatik

1-42 **1** **分離動詞**

動詞の中には、２つの部分に分離する動詞があり、分離動詞といいます。aufstehen「起きる」は、auf-という前つづりと、stehen という基礎動詞部分から成り立っています。また、分離動詞の前つづりには必ずアクセントがあります。

(sie)　　　morgen um 6 Uhr　aufstehen

→　Sie steht　morgen um 6 Uhr　auf.　　　彼女は明日６時に起きる。

動詞が分離するのは、平叙文、疑問文で基礎動詞部分だけが２番目の位置や文頭に移動するからです。

Steht sie morgen um 6 Uhr auf?　　　彼女は明日６時に起きるのですか？

Um wie viel Uhr steht sie morgen auf?　彼女は明日何時に起きるのですか？

Lektion 4

1-43 **2** **非分離動詞**

前つづりの中にはアクセントを持たず、分離しないものもあります。このような前つづりを持つ動詞を非分離動詞といいます。be-, emp-, ent-, er-, ge-, ver-, zer- の７つがよく使われる非分離前つづりです。

Sie versteht vier Sprachen.　　　彼女は４つの言語を理解する。

Übungen

1-44 1. (　　　) の分離動詞を使って文を完成させましょう。

1) Wir ＿＿＿＿＿＿ jeden Tag ＿＿＿＿＿＿. (einkaufen)

2) Wann ＿＿＿＿＿ der ICE aus München ＿＿＿＿＿? (ankommen)

3) Heute Abend ＿＿＿＿＿ ich dich ＿＿＿＿＿. (anrufen)

4) Um wie viel Uhr ＿＿＿＿＿ der ICE nach Frankfurt ＿＿＿＿＿? (abfahren)

1-45 2. [パートナー練習] 相手の一日の様子を聞いてみましょう。

Um wie viel Uhr stehst du auf? - Ich stehe um halb sieben auf.
Von wann bis wann arbeitest du? - Ich arbeite von 9 Uhr bis 17 Uhr.

時刻の言い方
Wie spät ist es jetzt? - Es ist vierzehn Uhr dreißig / halb drei.

	24 時間制（公式）	12 時間制（日常会話）
14:00	vierzehn Uhr	zwei [Uhr]
14:05	vierzehn Uhr fünf	fünf nach zwei
14:15	vierzehn Uhr fünfzehn	Viertel nach zwei
14:30	vierzehn Uhr dreißig	halb drei
14:45	vierzehn Uhr fünfundvierzig	Viertel vor drei
14:50	vierzehn Uhr fünfzig	zehn vor drei

語句

aufstehen 起きる　frühstücken 朝食を取る　zur Uni gehen/fahren 大学に行く　eine Vorlesung hören 講義を聴く　an einem Seminar teilnehmen ゼミに参加する　nach Hause gehen 家に帰る　zu Hause ankommen 家に到着する　zu Mittag / zu Abend essen 昼食／夕食を取る　ins Bett gehen 就寝する

Szene 2　**Joggen im Rosental** ローゼンタールでのジョギング

ラウラはミキをジョギングに連れ出します。

Laura: Wo bleibst du denn?

Miki: Warte doch! So schnell bin ich nicht.

Laura: Du musst mehr Sport machen! Ab morgen gehen wir jeden Morgen joggen.

Miki: Aber ich mag keinen Sport. Und ich will nicht jeden Morgen früh aufstehen.

Laura: Du kannst so nicht weitermachen. Das ist ungesund. Musiker müssen auch sportlich und immer fit sein. Sonst können wir nicht lange Instrumente spielen.

Miki: Jaja, ich weiß. Aber für heute ist es genug.

Laura: Nein, noch eine Runde laufen. Du kannst mich als Vorbild nehmen.

Miki: Oh, nein.

Grammatik

3 話法の助動詞

話法の助動詞は不定詞と結びつき、さまざまな意味を付け加えます。**主語が単数の場合は不規則に変化し、1人称単数と3人称単数で語尾が付かないのが特徴です。** 主語が複数の場合は規則的に変化します。また、丁寧に意志を表す möchte は mögen の接続法（→12課）の形ですが、非常によく使われるので、ここで合わせて覚えましょう。

	dürfen してもよい	**können** できる	**müssen** ねばならない	**sollen** すべき	**mögen** だろう	**wollen** するつもりだ	**möchte** したい (丁寧)
ich	darf	kann	muss	soll	mag	will	möchte
du	darfst	kannst	musst	sollst	magst	willst	möchtest
er	darf	kann	muss	soll	mag	will	möchte
wir	dürfen	können	müssen	sollen	mögen	wollen	möchten
ihr	dürft	könnt	müsst	sollt	mögt	wollt	möchtet
sie	dürfen	können	müssen	sollen	mögen	wollen	möchten

話法の助動詞を使った平叙文・疑問文では本動詞が文末に来ます。

彼は　今日　働かなければならない
(er) heute arbeiten │müssen│

→　Er **muss** heute arbeiten.

彼は　今日　働かなくてもよい
(er) heute nicht arbeiten │müssen│

→　Er **muss** heute nicht arbeiten.

Übungen

1. 日本語の意味にあう助動詞を正しい形にして下線部に入れましょう。

1) Ich _____ langsam nach Hause gehen.　私はそろそろ家に帰らないといけません。

2) _____ du gut kochen?　君は上手に料理することができる？

3) Hier _____ man nicht rauchen.　ここではタバコを吸ってはいけません。

4) _____ ich Ihren Koffer tragen?　あなたのトランクを持ちましょうか？

5) Sie _____ später in Deutschland studieren. 彼女は後にドイツの大学で勉強するつもりだ。

2. (　)の助動詞を使ってそれぞれの文を書き換えましょう。

1) Max spielt nicht gut Klavier. (können) ─────────────────────

2) Du bist pünktlich da. (müssen) ─────────────────────

3) Trinken Sie Kaffee oder Tee? (möchte) ─────────────────────

4) Ich komme mit. (wollen) ─────────────────────

Frau Schubert erzählt:

Ich stehe jeden Tag um sechs Uhr dreißig auf.

Um sieben Uhr wecke ich meine Tochter und Miki auf.

Wir frühstücken oft um sieben Uhr dreißig zusammen. Aber Miki kommt manchmal

5   nicht. Von neun Uhr bis achtzehn Uhr arbeite ich. Aber natürlich mache ich von

zwölf Uhr bis dreizehn Uhr eine Pause. Um achtzehn Uhr fahre ich nach Hause.

Unterwegs kaufe ich ein. Zu Hause räume ich auf und koche das Abendessen. Um

neunzehn Uhr essen alle zusammen. Am

Abend sehe ich manchmal fern. Ich lese aber

10   auch oft. Um dreiundzwanzig Uhr gehe ich

ins Bett.

Kaleidoskop

ドイツ人の日常

統計によると、ドイツ人は平日平均して 3 時間 56 分自分が自由になる時間を持っているそうです。この時間には炊事、洗濯、掃除、子どもの世話や労働時間は含まれていません。余暇活動の第一位はテレビを見ることです。ドイツ人は毎日平均 2 時間 30 分テレビを見ます。その他、ラジオ、インターネット、E メール、新聞、電話などのメディアも好まれています。さらにドイツ人は多くの時間をパートナーと過ごし、毎日よく話します。ケーキとコーヒーでおしゃべりする Kaffeeklatsch も大好きです。しかし食事自体は 3 食合わせて 1 時間 41 分と比較的短い時間で済ませます。仕事や家事を効率よく終えて、できるだけ自分や家族のための時間を持とうとするのがドイツ人の生活スタイルと言えるでしょう。

Wie ist das Wetter?

1. どのような天気でしょうか？ 線をつなげましょう。

A

B

C

D

1　Es regnet.

2　Es ist warm.

3　Die Sonne scheint.

4　Es ist bewölkt.

5　Es ist windig.

6　Es ist kalt.

7　Es schneit.

E

F

G

Lektion
4

2. 今日の天気はどうですか？インターネットで調べましょう。自分で好きな都市を選んで、クラスメートと天気について話しましょう。

例 Berlin:　　　☀　　23°C　　In Berlin scheint die Sonne bei 23°C.

Leipzig: ....

Tokyo: ....

Rom: ....

Sydney: ....

New York: ....

.... : ....

Schreiben

あなたは、いつ、何をしていますか？ あなたの一日について書きましょう。

例 Ich stehe um ...... Uhr auf. Um .... Uhr frühstücke ich. ...

Ein Tag im Zoo

動物園での一日

Szene 1   **Im Zoo** 動物園で

ミキとマックスは動物園に来ています。

Max: Hier ist ein Zooplan. Hm, wir können ins Aquarium oder ins Koala-Haus gehen. Die sind gleich neben dem Eingang.

Miki: Schau mal! Hinter dem Aquarium gibt es einen Streichelzoo.

Max: Wollen wir gleich in den Streichelzoo gehen?

Miki: Ja, super.

Miki: Die Kaninchen sind so niedlich.

Max: Ja, so niedlich wie du.

Miki: Wie bitte?

Grammatik

1　前置詞の格支配

前置詞の後に来る名詞や代名詞は決まった格になります。これを前置詞の格支配といいます。前置詞には、一つの格しか取らないものと、意味に応じて3格か4格を取るものがあります。

2　3・4格支配の前置詞 (1-53)

次の9つの前置詞は、動作が行われたり、状態が続いたりする「場所」を表すときは3格支配、移動する「方向」や「到着点」を表すときは4格支配になります。

an ～のきわで・へ	auf ～の上で・へ	hinter ～の後ろで・へ
in ～の中で・へ	neben ～の横で・へ	über ～の上方で・へ
unter ～の下で・へ	vor ～の前で・へ	zwischen ～の間で・へ

Lektion **5**

3格：「場所」（移動なし）　Sie wohnt **in der** Stadt.　彼女は町に住んでいる。
4格：「方向・到着点」（移動あり）　Sie geht **in die** Stadt.　彼女は町に行く。

3　前置詞と定冠詞の融合形（1） (1-54)

前置詞の中には、定冠詞の指示力が弱い場合（わざわざ「その…」と言う必要がないとき）、融合するものがあります。次の融合形がよく使われます。

am < an + dem　　ans < an + das　　im < in + dem　　ins < in + das

Sie sind **im** Aquarium.　　彼らは水族館にいる。
Sie gehen **ins** Aquarium.　　彼らは水族館に入って行く。

Übungen

(1-55) **1.** 移動があるかないかを考えて、（　）に正しい形の定冠詞を入れましょう。名詞の性は日本語訳に書いてあります。

1) Das Wörterbuch steht auf (　　　　　) Tisch.　辞書は机［男性］の上にある。
2) Ich stelle das Wörterbuch auf (　　　　　) Tisch.　私は辞書を机の上に置く。
3) Die Studenten essen in (　　　　) Mensa.　学生たちは学生食堂［女性］で食べる。
4) Die Studenten gehen in (　　　　) Mensa.　学生たちは学生食堂に行く。

(1-56) **2.** 前置詞と名詞の意味を考えて文を完成させましょう。前置詞と定冠詞の融合形があるものはそれを使ってください。

1) 私たちは今日レストラン（das Restaurant）で食事する。

　Wir essen heute _____ .

2) 彼は今教会（die Kirche）の前に立っている。

　Er steht jetzt _____ .

3) 私は飛行機（das Flugzeug）の中では窓（das Fenster）側に座るのが好きです。

　Ich sitze _____ gern _____ .

Szene 2   **In der Mensa** 学生食堂で

ミキはラウラと学生食堂にいますが、食事が進まないようです。

Laura: Was ist los? Woran denkst du? Hast du keinen Hunger?

Miki: Ich mache mir Sorgen über den Test nächste Woche.

Laura: Lernst du nicht für den Test?

Miki: Doch, natürlich. Aber ich muss immer daran denken.

Laura: Ah, das verstehe ich. Das geht mir auch manchmal so. Dann können wir zusammen üben oder du kannst Max fragen.

Miki: Danke für den Tipp, das ist eine gute Idee.

Laura: Übrigens, du musst mir endlich über die Zoo-Erlebnisse erzählen.

Miki: Hmm, Kaninchen sind sehr niedlich ...

Laura: Und?

Grammatik

1-58 **4** **3格支配の前置詞**

次の前置詞の後には3格の名詞・代名詞がきます。

aus ～の中から	**bei** ～のもとで	**mit** ～とともに	**nach** ～の後で、～の方へ
seit ～以来	**von** ～から、～の	**zu** ～のところに	など

1-59 **5** **4格支配の前置詞**

次の前置詞の後には4格の名詞・代名詞がきます。

durch ～を通って	**für** ～のために	**gegen** ～に逆らって	**ohne** ～なしで
um ～の回りに、(時刻を表して) ～時に			

1-60 **6** **前置詞と定冠詞の融合形（2）**

3格支配、4格支配の前置詞の中にも、定冠詞と融合するものがあります。次の融合形がよく使われます。

beim < bei + dem　　**vom < von + dem**　　**zum < zu + dem**　　**zur < zu + der**

Ich gehe heute zum Rathaus. 私は今日市役所に行きます。

7 **前置詞句とともに使われる動詞**

動詞の中には、前置詞句を目的語に取るものがあります。その前置詞が3・4格支配の場合、3格か4格かは動詞によって決まっており、「場所」(静止)か「方向・到着点」(移動)かは関係なくなります。

auf j⁴ warten 人⁴を待つ　　　　**über et⁴ erzählen** 物⁴について説明する

※ j⁴: jemand「誰か」の4格、et⁴: etwas「何か」の4格

Übungen

1-61 1. (　　) の名詞を正しい形にして下線部に入れて文を完成させましょう。

1) Er ist seit _____ krank. (eine Woche)

2) Ich fahre mit _____ in die Stadt. (der Bus)

3) Ohne _____ kann ich nicht arbeiten. (der Computer)

4) Miki lernt fleißig für _____. (die Prüfung)

1-62 2. 次の文をドイツ語に訳しましょう。

1) 私は明日 (morgen) 10時半に大学 (die Uni) に行きます (gehen)。

_____

2) 君は週末の (am Wochenende) パーティー (die Party) に来る？

_____

3) 彼女は友人 (ihre Freundin) にその経験 (das Erlebnis) について報告する (über et⁴ berichten)。

_____

4) 私はもう (schon) 30分 (dreißig Minuten) も君を待っている。

_____

In Leipzig gibt es viele Kultur- und Freizeitangebote. Man kann die Oper besuchen oder ein Konzert im Gewandhaus hören. Das ist auch für Studenten attraktiv, denn die Karten sind gar nicht teuer. Im Leipziger Zoo kann man auf Entdeckungstour gehen und viele Tiere sehen. Man kann dort auch wie Miki im Streichelzoo

5   Kaninchen und Ziegen streicheln. Aber natürlich hat Leipzig auch viele Museen. Und viele tausend Musikfans gehen jedes Jahr ins Bachmuseum vor der Thomaskirche und zum Mendelssohn-Haus.

Oper ▶

◀ Gewandhaus

Kaleidoskop

ライプツィヒ動物園

ライプツィヒ動物園は市内北西部のローゼンタールに接する広大な敷地にある世界で最も長い歴史を持つ動物園の一つです。1878 年に酒場の店主であったエルンスト・ピンカーが私的な動物園として開園しました。最初は少数の動物しかいなかったのですが、毎年、規模が拡大し、1900 年にライプツィヒ市が買い取り、それ以来市が運営しています。現在では 27 ヘクタールの敷地に 800 種類の動物が飼育されるヨーロッパ屈指の動物園です。2000 年以来、「未来型動物園」として、環境保護と種の保全、人間と動物の共生をテーマにした活動を行っています。驚くのは、檻がほとんどなく、動物たちが広い敷地で本来の生態系に近い環境で暮らしていることです。中央駅からトラムで 10 分少々で着くので、是非、訪れてほしい場所です。

Wo ist was im Zoo?

どこに何がいますか？ いろいろな質問を考え、クラスメートと練習しましょう。

der Wolf, Wölfe *der* Flamingo, -s *die* Giraffe, -n (*das* Giraffenhaus) *das* Kaninchen, - *die* Ziege, -n (*der* Streichelzoo) *das* Nashorn, Nashörner *das* Zebra, -s *der* Löwe, -n *der* Vogel, Vögel (*das* Vogelhaus) *der* Papagei, -en (*das* Papageienhaus) *der* Bär, -en *der* Pinguin, -e *der* Elefant, -en (*das* Elefantenhaus) *der* Leopard, -en *der* Tiger, - *der* Affe, -n (*das* Affenhaus) *der* Gorilla, -s *der* Schimpanse, -n *der* Koala, -s (*das* Koalahaus) *der* Fisch, -e (*das* Aquarium) *das* Restaurant, -s *der* Zooplan, -pläne *der* Eingang, Eingänge *die* Kasse, -n

Wo sind die Giraffen?	Die Giraffen sind im Giraffenhaus.
Wo sind die Lamas?	Die Lamas sind neben den Flamingos.
Wo sind die Vögel?	....
Wo sind die Gorillas?	....
Wo sind die Koalas?	....
Wo sind die Fische?	....
Wo sind ....?	....

Schreiben

上の動物園で、どの動物を見たいですか？ 順番に書きましょう。

Ich möchte zuerst ....
....
....

Arztbesuch

受診

Szene 1　　**Am Völkerschlachtdenkmal** 諸国民戦争記念碑

ミキとマックスは諸国民戦争記念碑の大きな建物に遊びに来ました。

Miki: Danke für die Einladung.

Max: Interessierst du dich für Geschichte?

Miki: Ja, dafür interessiere ich mich sehr.

Max: Dann erzähle ich dir jetzt mal etwas über das Völkerschlachtdenkmal. Es soll an die Völkerschlacht im Jahre 1813 erinnern. .... Nun gehen wir nach oben. Willst du zu Fuß gehen oder mit dem Fahrstuhl fahren?

Miki: Ich bewege mich gern. Ich laufe.

Miki: Puhhh. Das war anstrengend. Aber die Aussicht ist so schön!

Miki: Aua!

Max: Ist alles o. k.?

Miki: Mein Fuß tut weh.

Max: Wir gehen zum Arzt. Ich helfe dir.

Grammatik

1 再帰代名詞と再帰動詞

目的語が主語と同一のものを指すとき、つまり、「自分を、自分に」を表すとき、再帰代名詞を使います。
1・2人称では人称代名詞と同じ形ですが、3人称と2人称敬称では sich という特別な形を使います。

再帰代名詞

	私	君	彼	それ	彼女	私たち	君たち	彼ら	あなた（方）
3格	mir	dir				uns	euch		
				sich				sich	sich
4格	mich	dich				uns	euch		

Ich setze mich auf den Stuhl.	私はその椅子に座る。
Er setzt **sich** auf den Stuhl.	彼はその椅子に座る。
Er setzt ihn auf den Stuhl.	彼は（他の）彼をその椅子に座らせる。

Lektion 6

• 3格の再帰代名詞もあります。特に、身体部位に対する行為を表すときに使われます。

Ich putze **mir** die Zähne.	私は歯を磨く。
Sie wäscht **sich** die Hände.	彼女は手を洗う。

• 再帰代名詞と動詞が熟語的に結びついて1つのまとまりを作っているものを再帰動詞と呼びます。再帰動詞は、意味的にはむしろ自動詞のようになっています。

sich für et⁴ interessieren	物⁴に興味がある
Interessierst du dich für Geschichte?	君は歴史に興味がある？
sich über et⁴ freuen	事⁴を喜ぶ
Das Kind freut sich über das Geschenk.	その子はプレゼントをもらって喜んでいる。
sich auf et⁴ freuen	事⁴を楽しみにする
Die Kinder freuen sich auf die Sommerferien.	子どもたちは夏休みを楽しみにしている。

Übungen

再帰動詞を正しい形にして入れて、次の文を完成させましょう。

1) ＿＿＿＿＿＿＿＿＿ ihr ＿＿＿＿＿＿＿＿＿ schon auf die Winterferien?

君たちは冬休みが楽しみですか？

2) Ich ＿＿＿＿＿＿＿＿ ＿＿＿＿＿＿＿＿ nicht mehr an den Buchtitel.

私はその本のタイトルをもう覚えていない。(sich an et⁴ erinnern)

3) ＿＿＿＿＿＿＿＿＿ Sie ＿＿＿＿＿＿＿＿＿ für Politik?

あなたは政治に興味はありますか？

4) Wir ＿＿＿＿＿＿＿＿ ＿＿＿＿＿＿＿＿ sehr über die Nachricht.

私たちはそのニュースにとても喜んでいます。

Szene 2 **In der Arztpraxis** 診療所で

足を怪我したミキはマックスに連れられ病院にやってきます。

Krankenpfleger: Bitte warten Sie hier im Wartezimmer.

Max: Wie fühlst du dich?

Miki: Ich habe immer noch Schmerzen und kann nicht gut laufen.

Krankenpfleger: Frau Harada? Bitte kommen Sie mit ins Behandlungszimmer.

Ärztin: Guten Tag, Frau Harada. Setzen Sie sich, bitte. Was fehlt Ihnen?

Miki: Mein Fuß tut weh.

Ärztin: Zeigen Sie mir bitte mal den Fuß.

Miki: Aua.

Ärztin: Ah ja. Der Fuß ist geschwollen, aber nicht gebrochen. Kühlen Sie bitte den Fuß und ruhen Sie sich aus. Ich schreibe Ihnen auch Tabletten gegen die Schmerzen auf.

Miki: Vielen Dank.

Grammatik

 2 **命令形**

他の人に命令や依頼をするときは、命令形という動詞の形を使います。これは相手が誰であるかによって３通りあります。いずれの場合も bitte を付けると丁寧になり、依頼になります。

Du trink**st** Wasser.   **Ihr** trinkt Wasser.   Sie trinken Wasser.
⟶ Trink Wasser!   ⟶ Trinkt Wasser!   ⟶ Trinken Sie Wasser!

① **du** に対する命令形   現在形から語尾の -st を取った形になります。ただし、a→ä タイプの動詞では、母音は変化させず a のままにします。

Sag die Wahrheit!	真実を言いなさい！	← Du sagst die Wahrheit.
Warte einen Moment!	ちょっと待って！	← Du wartest einen Moment.
Sprich Deutsch!	ドイツ語を話しなさい！	← Du sprichst Deutsch.
Fahr nicht so schnell!	そんなに飛ばさないで！	← Du fährst nicht so schnell.

② **ihr** に対する命令形   現在形と全く同じ形で、主語だけ省きます。

Wartet einen Moment! ちょっと待って！   Sprecht Deutsch! ドイツ語を話しなさい！

③ **Sie** に対する命令形   疑問文と同じように動詞を文頭に置き，命令口調にします。

Warten Sie bitte einen Moment! ちょっと待ってください。

* sein の命令形は不規則
   du に対して：Sei ...!   ihr に対して：Seid ...!   Sie に対して：Seien Sie ...!

> **Lektion 6**

Übungen

例にならって、文を命令形にしましょう。

> **例** Du musst fleißig arbeiten. → Arbeite fleißig!
> Sie dürfen hier nicht parken. → Parken Sie hier nicht!

1) Du musst nett zu deiner Schwester sein. → ....
2) Ihr müsst euch ausruhen. → ....
3) Sie müssen mir Ihren Reisepass zeigen. → ....
4) Du darfst nicht so lange fernsehen. → ....
5) Ihr dürft nicht auf der Baustelle spielen. → ....
6) Sie dürfen nicht in diesem Gebäude rauchen. → ....

Lesetext　　　　　　　Krank und nun?

(1-71)

In Deutschland geht man zuerst einmal zu seinem Hausarzt und nicht ins Krankenhaus. Jeder Deutsche hat einen Hausarzt, man nennt ihn auch Allgemeinarzt. Der Hausarzt berät und behandelt seine Patienten, verschreibt Medikamente. Aber manchmal kann der Hausarzt nicht helfen. Dann bekommt man

5 eine Überweisung und geht zu einem Facharzt.

Aber nun stell dir vor: Es ist Sonntag oder spät nachts und alle Ärzte haben zu. Dir geht es schlecht, du fühlst dich krank. Was tust du? Du kannst z. B. deinen Hausarzt anrufen, denn der Hausarzt besucht seine Patienten oft auch zu Hause und

10 auch in der Nacht. Bei Notfällen kannst du aber auch direkt ins Krankenhaus fahren oder einen Krankenwagen rufen. Die Notfallnummern funktionieren immer: 110 für die Polizei, 112 für die Feuerwehr, 116 oder 117 für den Krankenwagen.

Kaleidoskop

ドイツの医療制度

ドイツは日本と同様に世界でも珍しい「国民皆保険制度」の国ですが、その仕組みは日本とやや異なっています。日本は保険はすべて公的保険で、どの保険に加入していようとすべての病院で同等の医療が受けられます。しかし、窓口で一般的には 3 割の自己負担金を払います。ドイツも公的保険が発達していますが、年間所得が一定額未満の人を主な対象としているために、公務員や高額所得者は以前は保険に加入しないことが多くありました。しかし、保険料の負担の公平性や医療の財源の安定確保の観点から 2009 年より公的保険に加入していない人も民間保険への加入が義務づけられました。日本と違い、国民は自分のかかりつけ医（Hausarzt）を持ち、どんな症状でもまずそこに行きます。専門医や大病院に行く必要があると判断されたら、かかりつけ医からの紹介状（Überweisung）が必要です。ただし、私的保険加入者は紹介状がなくても直接専門医に行けることもあります。詳しくは、

特設ホームページからWölbling医師のインタビューをご覧ください。

Projektarbeit   **Ich bin krank.**

あなたは身体の調子が良くありません。クラスメートに助言を求めてみましょう。

> Ich habe
> Halsschmerzen.
> Was soll ich tun?

> Trink doch Tee und
> lutsche Bonbons.

Problem

- Fieber haben
- Halsschmerzen haben
- müde sein
- Fuß wehtun
- Bauchschmerzen haben
- Zahnschmerzen haben
- Schnupfen haben
- Husten haben
- Kopfschmerzen haben
- nicht schlafen können

Vorschlag

- im Bett bleiben
- Tee trinken
- Tabletten nehmen
- zum Arzt gehen
- viel schlafen
- ins Krankenhaus gehen
- viel Wasser trinken
- sich ausruhen
- Bonbons lutschen
- sich hinlegen
- Sport machen
- spazieren gehen

命令形の使い方

命令	Schlaf!
願い事	Schlaf bitte.
提案	Schlaf doch.

Lektion
6

Schreiben

あなたは身体の調子が悪くて授業に行けません。担当の先生に欠席のメールを書いてみましょう。
次の点に気を付けてください。

呼びかけ	結びのあいさつ
Lieber (Vorname), Liebe (Vorname), Hallo (Vorname),	Viele Grüße Liebe Grüße (LG)
Lieber Herr (Familienname), Liebe Frau (Familienname),	Viele Grüße
Sehr geehrter Herr (Familienname), Sehr geehrte Frau (Familienname),	Mit freundlichen Grüßen (MfG)
Sehr geehrte Damen und Herren,	Mit freundlichen Grüßen

呼びかけとあいさつ / 欠席のお詫び / 欠席の理由 / 復帰の時期 / 氏名

7

Mikis Geburtstag

ミキの誕生日

Szene 1   **Im Modegeschäft** ブティックで

ラウラがミキを街中のおしゃれなブティックに連れて行きます。

Miki: Warum sind wir hier? Willst du dir neue Klamotten kaufen?

Laura: Nein. Wir kaufen ein neues Kleid für dich. Du hast morgen Geburtstag und am Wochenende eine Verabredung mit Max. Da brauchst du ein schickes Outfit.

Miki: Ich brauche kein neues Kleid. Ich habe zu Hause ein sehr schönes Kleid.

Laura: Ah... Das alte Kleid mit dem Fleck? Also, was für ein Kleid wollen wir kaufen?

Miki: Ich finde ein schwarzes Kleid gut. Schwarz ist zeitlos und elegant.

Laura: Ein schwarzes Kleid? Wie langweilig!

Verkäuferin: Kann ich Ihnen helfen?

Laura: Nein, danke. Wir schauen noch.

Laura: Oh, schau mal! Das bunte Kleid hier ist sehr schön. Das ist dein neues Kleid. Das gefällt Max bestimmt auch.

Grammatik

1 形容詞の格変化

形容詞は名詞の前に置かれると語尾が付きます。変化は前に置かれる冠詞類によります。

冠詞類が強語尾を持つ：　形容詞は弱語尾

冠詞類が強語尾を持たない（または冠詞類がない）：形容詞は強語尾。

形容詞の **強語尾**

	男性	中性	女性	複数
1格	-er	-es	-e	-e
2格	*-en*	*-en*	-er	-er
3格	-em	-em	-er	-en
4格	-en	-es	-e	-e

形容詞の **弱語尾**

	男性	中性	女性	複数
1格	-e	-e	-e	-en
2格	-en	-en	-en	-en
3格	-en	-en	-en	-en
4格	-en	-e	-e	-en

強語尾　　　　弱語尾 //////　　　語尾無し △

(2-02)

Da hängt ein △ schwarzer Rock.

あそこに黒いスカートがかかっている。

Ich brauche ein △ neues Kleid.

私は新しいワンピースが必要だ。

Der schwarze Rock gefällt mir.

その黒いスカートが気に入りました。

Das neue Kleid ist sehr schön.

その新しいワンピースはとてもきれいだ。

(2-03)

色を表す形容詞

weiß 白	schwarz 黒	rot 赤	blau 青	gelb 黄色	grün 緑
braun 茶	grau 灰色	bunt カラフルな			

Übungen

(2-04) 1. 形容詞を含んだ次の名詞句を正しく変化させ、表を完成させましょう。

1格	ein schwarzer Rock	
2格		des bunten Kleides
3格		
4格		

1格		
2格		
3格	der blauen Hose	
4格		rote Schuhe

(2-05) 2. 下線部に正しい語尾を入れて（語尾がない場合は×を入れて）、文を完成させましょう。

1) Berlin ist ein ＿＿ groß ＿＿ Stadt.

2) Sie wohnt in ein ＿＿ groß ＿＿ Stadt.

3) Er trinkt gern deutsch ＿＿ Bier und französisch ＿＿ Wein.

4) Ich möchte ein ＿＿ weiß ＿＿ Hemd und ein ＿＿ blau ＿＿ Krawatte kaufen.

5) Das bunt ＿＿ Kleid und die rot ＿＿ Schuhe stehen dir sehr gut.

Szene 2　**Auerbachs Keller** アウアーバッハス・ケラー

ミキの誕生日にマックスは彼女をアウアーバッハス・ケラーに招待しました。

Kellner: Willkommen in Auerbachs Keller. Hier können Sie traditionelles sächsisches Essen genießen.

Max: Herzlichen Glückwunsch zum Geburtstag!

Max/Miki: Prost!

Kellner: Was möchten Sie bestellen?

Miki: Was empfehlen Sie?

Kellner: Unsere Gäste wählen oft den Schweinebraten mit Klößen, noch öfter wählen unsere Gäste aber die Roulade mit Rotkraut. Wir haben auch sehr gute vegetarische Gerichte. Unser Kartoffelauflauf ist hervorragend.

Max: Möchtest du den Schweinebraten oder die Rouladen, Miki?

Miki: Den Schweinebraten, bitte. Und du, Max?

Max: Ich nehmen die Rouladen, bitte.

Kellner: Möchten Sie auch ein Getränk zum Essen bestellen? Wir haben sehr gute Weine. Unser Hauswein passt hervorragend zum Schweinebraten.

Miki: Dann nehme ich den Hauswein.

Max: Trinkst du gern Wein?

Miki: Ja, ich trinke sehr gern Rotwein. Ich trinke lieber Weißwein. Aber am liebsten trinke ich Sekt.

Max: Ich habe eine Idee.

Grammatik

2 比較級と最上級

比較級は原級に -er を、最上級は -st を付けて作ります。ただし、母音がウムラウトするものや不規則変化するものがあります。

	原級	比較級	最上級
美しい	schön	schöner	am schönsten (schönst-)
大きい	groß	größer	am größten (größt-)
良い	gut	besser	am besten (best-)
多い	viel	mehr	am meisten (meist-)
高い	hoch	höher	am höchsten (höchst-)
好んで	gern	lieber	am liebsten

Lektion

7

- 比較の対象は als を使って表します。

    Max ist älter als Laura.　マックスはラウラより年上だ。

- 最上級は、am –sten の形のほか、der/das/die –ste の形も使われます。

    Roland ist am ältesten von allen. = Roland ist der älteste von allen.

    ローラントは皆の中で一番年上だ。

- 比較級も最上級も名詞の前に置かれれば当然語尾が付きます。

    Der Mount Everest ist der höchste Berg in der Welt.　エベレストは世界で一番高い山だ。

    ただし、mehr には語尾は付きません。

    Wir haben mehr Hausaufgaben als ihr.　　　　　　　私たちは君たちより多く宿題がある。

- 同等比較には、so ＋原級＋ wie .... の形を用います。

    Max ist so groß wie Thomas.　　　　　　　　　　　マックスはトーマスと同じ背の高さだ。

Übungen

1. 例にならって、下線部の色のものが他の色のものより気に入ったと言いましょう。

    例　黄色のブラウス > 緑のブラウス（die Bluse）
    →　**Mir gefällt die gelbe Bluse besser als die grüne Bluse.**

    1) カラフルなドレス > 黒いドレス（das Kleid）　　2) 灰色の背広 > 茶色の背広（der Anzug）

    3) 青いズボン > 黄色いズボン（die Hose）　　　　4) 赤い靴 > 白い靴（die Schuhe *pl.*）

2. （　）の形容詞や副詞を比較級または最上級にし、必要に応じて語尾を付けて下線部に入れ、文を完成させましょう。

    1) Japan ist ＿＿＿＿ (groß) als Deutschland, aber ＿＿＿＿ (klein) als Frankreich.

    2) Die ＿＿＿＿ (alt) Universität in Deutschland ist die Universität Heidelberg.

    3) Miki trinkt Weißwein ＿＿＿＿ (gern) als Rotwein. ＿＿＿＿ (gern) trinkt sie Sekt.

    4) Er spielt ＿＿＿＿ (gut) Fußball von allen in seiner Schule.

Auerbachs Keller ist die bekannteste und eine der ältesten Gaststätten in Leipzig. Seine weltweite Bekanntheit verdankt Auerbachs Keller vor allem Johann Wolfgang von Goethe. Das Restaurant ist ein Schauplatz in seinem weltberühmten Werk „Faust".

5 Faust verspricht dem Teufel „Mephisto" seine Seele. Dafür bekommt er unendliche Weisheit. Eines Tages gehen Mephisto und Faust in Auerbachs Keller. Dort sitzen vier Studenten zusammen und unterhalten sich. Mephisto verwandelt den Wein der Studenten in Feuer. Die Studenten sind deshalb wütend und greifen den Teufel an, aber sie können im Kampf gegen ihn nicht gewinnen.

10 Auerbachs Keller ist in einer Einkaufspassage namens Mädler-Passage. Vor dem Restaurant stehen zwei große Statuen. Sie zeigen den Streit zwischen den Studenten und Mephisto und Faust. Zum Geburtstag gehen Miki und Max in Auerbachs Keller. Das Essen schmeckt ihnen dort

15 hervorragend.

Besuchen Sie das Restaurant und berühren Sie Fausts Fuß! Das bringt Glück!

Kaleidoskop

ゲーテと森鴎外とアウアーバッハス・ケラー

ドイツを代表する文豪と言えば、ヨハン・ヴォルフガング・フォン・ゲーテ（Johann Wolfgang von Goethe）です。1749 年にフランクフルト・アム・マインの裕福な家庭に生まれた彼は 16 歳でライプツィヒ大学の法学部に入学し、19 歳で体調不良でフランクフルトに帰るまで、この地で勉学に励むとともに青春を謳歌しました。特にアウアーバッハス・ケラーを気に入り、足繁く通いました。そこで、ファウスト博士が悪魔の力を借りてこの店のワインの大樽に乗って外へ飛んでいったという言い伝えをきき、後に『ファウスト』の中の一場面にしました。森鴎外は軍医としてドイツに駐在していた 1885 年にアウアーバッハス・ケラーを訪れ、

『ファウスト』を翻訳することを決心します。そのときの森鴎外の姿が壁画として飾られています。ミキとマックスはちょうどその絵の下で食事をしています。

Mode und Kleidung

インターネットで H&M、ZARA、Zalando などのドイツ語サイトを見ながら、クラスメートと衣服について意見を交わしましょう。

> Wie findest du den/das/die
> (形容詞) ... ?
> Wie gefällt/gefallen dir
> der/das/die (形容詞) ... ?

> Der/Das/Die ... ist/sind 形容詞.
> Den/Das/Die ... finde ich 形容詞.
> Der/Das/Die ... gefällt/gefallen mir
> gut/nicht (so) gut.
> Er/Es/Sie ist/sind 形容詞.
> Ich mag keine ... (複数形).

> Wie gefällt dir das
> rote T-Shirt?

> Nicht so gut. Es ist teuer
> und sieht langweilig aus.

T-Shirt aus Baumwolle
in Rot für Damen,
Größe: L
49,99 €
SEINO & ASAHI
Kostenloser Versand

> Wie findest du die
> schwarze Jeans?

SOHO Jeans Skinny Fit,
Damen, Größe: S, Schwarz
39,00 €
EVA & Co.
Kostenloser Versand

> Sehr gut. Sie ist schick
> und nicht so teuer.

Schreiben

1. **a)** 自分の好みの服についてメモを書きましょう（色、外見、形など）。

　　 b) そのメモをもとに好みの服を文で表しましょう。

Mein
Lieblingskleidungsstück:
-
-
-
-

例 Mein Lieblingskleidungsstück ist ein Kleid. Es ist sehr
schön und schon alt. Ich trage es im Sommer jeden
Tag. Es ist rot und gelb und auch lang. Auf dem Kleid
sind kleine Blumen.

....
....
....
....
....
....

2. あなたはファッションに興味がありますか？　興味のある・なしを理由とともに書きましょう。

Schloss Proschwitz

シュロス・プロシュヴィッツ

Szene 1   **Weinprobe** ワインテイスティング

ミキとマックスはプロシュヴィッツ醸造所の試飲所にやってきました。

Sommelier:	Hallo, herzlich willkommen auf Schloss „Proschwitz"! Wir produzieren hier in unserem Weingut regional und umweltfreundlich die besten Weine. Und bei dieser Weinprobe können Sie natürlich alle unsere Weine und Sekte probieren.
Max:	Magst du deutschen Wein, Miki?
Miki:	Ja, natürlich. Ich liebe besonders Wein aus Deutschland.
Max:	Welche Sorte magst du denn am liebsten?
Miki:	Ich trinke am liebsten Riesling, aber ich möchte viele deutsche Weine kosten.
Sommelier:	Ich empfehle Ihnen besonders diesen Wein. Er heißt Scheurebe von 2021. Er hat ein besonders gutes Aroma und eine fruchtige Note.
Miki:	Mmh, der ist aber lecker. Diesen Wein kaufe ich für meine Eltern zum Hochzeitstag.

Grammatik

1 定冠詞類

dies- 「この」、welch- 「どの？」、jed- 「各々の」、all- 「すべての」、solch- 「そのような」などの語は、定冠詞と似た変化をし、定冠詞類と呼ばれます。

	男性	中性	女性	複数
1格	dieser Mann	dieses Kind	diese Frau	diese Leute
2格	dieses Mannes	dieses Kindes	dieser Frau	dieser Leute
3格	diesem Mann	diesem Kind	dieser Frau	diesen Leuten
4格	diesen Mann	dieses Kind	diese Frau	diese Leute

2-14 中性の1・4格のところが、定冠詞の語尾と大きく異なります。dieses ≠ das

Welche Sorte trinkst du am liebsten?　　どの品種を飲むのが一番好き？

Ich trinke diese Sorte am liebsten.　　私はこの品種を飲むのが一番好き。

Übungen

2-15 1. 定冠詞類の表を完成させましょう。

	r Wein	*s* Wasser	*e* Sorte	Getränke *pl.*
1格	welcher Wein			
2格				solcher Getränke
3格			jeder Sorte	
4格		dieses Wasser		

2-16 2. 例を参考に、冠詞類の正しい語尾を下線部に入れ、確認のため**性・数**（男性／中性／女性／複数）と**格**（1格／2格／3格／4格）を書きましょう。

1) Welch＿＿ Bier schmeckt dir? – Dies＿＿ Bier schmeckt mir.

（ 中性 ／ 1格 ）　　　　　（ 　／ 　）

2) Ich schenke mein＿＿ Mutter dies＿＿ Handtasche zum Geburtstag.

（ 　／ 　）　（ 　／ 　）

3) All＿＿ Kinder freuen sich auf ihr＿＿ Ferien.

（ 　／ 　）　　　　　（ 　／ 　）

4) Jed＿＿ Wochenende macht Laura solch＿＿ Geigenübungen.

（ 　／ 　）　　　　　　（ 　／ 　）

Szene 2   **Im Hof** 中庭で

試飲のあと、二人はワインと料理を楽しんでいます。

Miki: Der Wein ist fantastisch!

Max: Ich denke, dass nicht nur der Wein fantastisch ist.

Miki: Du hast recht! Die Landschaft ist auch wunderbar!

Max: Es freut mich, dass du die Landschaft schön findest. Aber …

Miki: Und das Essen …

Max: Miki! Immer, wenn wir zusammen unterwegs sind, haben wir eine tolle Zeit, nicht wahr?

Miki: Ja, natürlich.

Max: Ich denke, dass wir ein gutes Team sind.

Miki: Das finde ich auch.

Max: Ich mag dich sehr. Und ich möchte gern wissen, ob du mich auch magst.

Miki: So wie den Wein?

Max: Nein, mehr als Wein und mehr als Schokoladenkuchen.

Miki: Weißt du, ein guter Wein muss erst mal reifen.

Grammatik

2 従属接続詞と副文

従属接続詞に導かれる文（＝副文）では定動詞は文末に置かれます。

> **重要な従属接続詞**
>
> **dass** ... ということ
> **ob** ... かどうか
> **obwohl** ... にもかかわらず
> **weil** ... なので

Wir machen einen Ausflug, **wenn** das Wetter schön **ist**.

                           従属接続詞   定動詞

もし天気が良ければ，私たちは遠足をします。

副文が主文の前に来るときは、その副文が主文の１番目の位置を占めることになります。つまり、副文が終わった直後に主文の定動詞が来ます。

Wenn das Wetter schön **ist**, **machen** wir einen Ausflug.

また、疑問詞を使った文を副文にすると、間接疑問文になります。

（疑問文）   Wann fährt sie nach Berlin?   彼女はいつベルリンに行くのですか？

（間接疑問文） Wissen Sie, **wann** sie nach Berlin fährt?

                                    彼女がいつベルリンに行くかあなたはご存知ですか？

Übungen

1. （　　）の従属接続詞を使って、次の２つの文を１つにしましょう。

> 例 (**wenn**) Ich habe viel Geld. Ich kaufe einen Porsche.
> → Wenn ich viel Geld habe, kaufe ich einen Porsche.
>   もしお金をたくさん持っていれば、私はポルシェを買います。

1) (**wenn**) Du kommst diesen Sommer nach Leipzig. Wir können vieles unternehmen.

2) Weißt du? (**ob**) Sie hat morgen Musikunterricht.

3) Ich bleibe heute zu Hause. (**weil**) Ich habe Fieber und Kopfschmerzen.

4) Sie spielen draußen Fußball. (**obwohl**) Es regnet stark.

2. 例にならって、間接疑問文を作りましょう。

> 例 Weißt du?   Wann kommt er heute zurück?
> → Weißt du, wann er heute zurückkommt?

1) Weißt du?   Wann steht sie immer auf?

2) Wissen Sie? Wo wohnt Max?

3) Weiß sie?   Was macht er immer am Wochenende?

4) Ich weiß nicht genau. Wo steigen wir um?

Lesetext　　　　　　　**Was trinken die Deutschen?**

Deutschland ist eine Biernation. Nach Angaben des Deutschen Brauerei-Bundes gibt es mehr als 6.000 Biermarken. Diese kann man zwölf Sorten zuordnen. Aber deutsche Weine sind auch bekannt und haben viele Liebhaber. Die Deutschen trinken gerne Alkohol und finden auch immer einen Anlass dafür. 2018 trank jeder

5 Deutsche im Durchschnitt 10,9 Liter Alkohol, dagegen jeder Japaner nur 6,8 Liter.

Das deutsche Gesetz sagt, dass man schon mit 16 Jahren Bier oder Wein kaufen und trinken darf. Starker Alkohol wie Schnaps oder Whiskey ist aber erst erlaubt, wenn

10 man volljährig, also über 18 ist.

Oktoberfest ▶

Kaleidoskop

ドイツのワイン

ドイツのワイン醸造の歴史は古く、古代ローマ時代に遡ります。1～2世紀ごろにローマの兵士がモーゼル地方にブドウの苗木を持ち込み、トリーアの辺りでワイン造りを始め、3世紀にはモーゼル川からライン川一帯でワイン醸造が行われました。その後、4～5世紀のゲルマン民族大移動によってブドウ畑が荒廃してワインも危機を迎えましたが、8世紀にカール大帝がワイン造りを奨励し、ドイツワインは発展し、多くの戦争や飢饉の時代を乗り越え現在に至ります。現在、ドイツには13のワイン産地があり、ラインガウ、モーゼルなど主要な9つの産地は旧西ドイツ側にあります。しかし、旧東ドイツ側の2つの産地も知名度こそ西側に劣りますが、素晴らしいワインを生産しています。ミキたちが訪れた Schloss Proschwitz はザクセン産地を代表するワイナリーで、品質も素晴らしいだけでなく、マイセンのアルブレヒト城を見下ろす高台に拡がるブドウ畑の美しさの美しさには目を見張るものがあります。

▲アルブレヒト城とワイン畑　　　　▲Schloss Proschwitz

Projektarbeit　　**Weinland Deutschland**

1.　アルファベットの列から、ドイツワインの産地を 10 ヵ所見つけましょう。

BRXFRANKENHUGVENMOSELMNEBADENKLUHGPFALZJGSAESACHSENMNAHEKN
GHRAQMITTELRHEINWLOJRHEINGAUHERWPAHRRHEINHESSENLKOUBKSMTHW

2. **1.** で見つけた産地名を書き入れましょう。

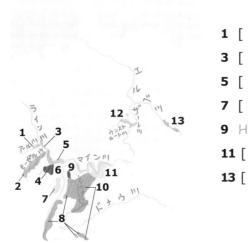

1 [　　　　　　　　　]　　2 [　　　　　　　　　]

3 [　　　　　　　　　]　　4 [　　　　　　　　　]

5 [　　　　　　　　　]　　6 [　　　　　　　　　]

7 [　　　　　　　　　]　　8 [　　　　　　　　　]

9 Hessische Bergstraße　　**10** Württemberg

11 [　　　　　　　　]　　**12** Saale-Unstrut

13 [　　　　　　　　]

Lektion

8

3.　13 のワイン産地のうちから 1 つ選び、発表しましょう。

- その地域（*s* Gebiet, -e）はどこにありますか？
- どんな品種（*e* Rebsorte, -n）が栽培されていますか？
- どんなワイナリー（*s* Weingut, Weingüter）がありますか？

Schreiben

ドイツのワイン産地はどこも風光明媚です。下のワイン産地を旅行した気分で、その旅行の様子を書きましょう。

a) Mosel　　　　b) Rheingau　　　　c) Saale-Unstrut　　　　d) Sachsen

Lektion 9

Deutsche Geschichte in Leipzig

ライプツィヒにあるドイツの歴史

Szene 1   **In der Thomaskirche** トーマス教会で

ミキとマックスはトーマス教会にやってきました。

Miki: Sieh mal, Max! Hier ist das Grab von Johann Sebastian Bach. Er hat von 1723 bis 1750 in Leipzig gelebt und als Thomaskantor gearbeitet. Er hat hier in der Thomaskirche viele Konzerte gegeben. Er hat sehr gut Orgel gespielt.

Max: Das habe ich gewusst.

Miki: Hast du schon mal Orgel gespielt?

Max: Nein, noch nie. Aber ich habe hier in der Thomaskirche schon einige Orgelkonzerte gehört. Und als Kind habe ich Klavierspielen gelernt. Leider habe ich nicht gut gespielt. Was ist mit dir?

Miki: Ich habe es in Japan an der Uni schon mal versucht. Aber Orgel spielen ist viel schwerer als Klavier spielen.

Grammatik

2-23 **1** 現在完了形

過去のことを表すとき、話し言葉では、多くの場合、現在完了形という形を用います。現在完了形は、「過去分詞＋haben/sein」で作ります。

〈過去分詞の作り方〉

規則動詞：　ge +　**語幹** + t　　　　　spielen → gespielt

不規則動詞：ge +　**語幹（変化することが多い）** + en /t

　　　　　　gehen → gegangen　　　bringen → gebracht

　　　　※ 不規則動詞の変化は巻末の「不規則動詞変化一覧表（例文付）」で確認してください。

分離動詞の過去分詞は前つづりと基礎動詞部分の過去分詞を１語にしてつづります。

　　　aufstehen → aufgestanden　　　teilnehmen → teilgenommen

非分離動詞など最初の音節にアクセントがない動詞はge- を付けません。

　　　besuchen → besucht　　　　　studieren → studiert

- sein で完了形を作る動詞は、自動詞の中で１）移動を表すもの（gehen, kommen など）、２）状態の変化を表すもの（werden, sterben など）、３）その他（sein, bleiben など）です。その他の自動詞、および全ての他動詞はhaben で完了形を作ります。

- 現在完了形の平叙文は、日本語の語順と同じようにならべ、最後の完了不定詞のhaben またはsein を現在人称変化させながら、２番目の位置に置きます。その結果、過去分詞は文末に来ます。

　　　（sie）　am Wochenende nach Berlin gefahren sein

　　→ Sie ist am Wochenende nach Berlin gefahren.　　　彼女は週末ベルリンに行った。

- 疑問文、副文の作り方の原理も同じです。

　　Ist sie am Wochenende nach Berlin gefahren?　彼女は週末ベルリンに行ったのですか？

　　Wann ist sie nach Berlin gefahren?　　　　　いつ彼女はベルリンに行ったのですか？

Übungen

2-24 （　）の動詞を用いて、現在完了形の文を完成させましょう。

1) Ich ＿＿＿＿＿ mit meinem Freund Schach ＿＿＿＿＿. (spielen)

2) Laura ＿＿＿＿＿ am Wochenende ihre Tante ＿＿＿＿＿. (besuchen)

3) Miki ＿＿＿＿＿ zum Arzt ＿＿＿＿＿. (gehen)

4) Goethe ＿＿＿＿＿ in Leipzig Jura ＿＿＿＿＿. (studieren)

5) Der ICE ＿＿＿＿＿ mit einer Verspätung von 30 Minuten ＿＿＿＿＿. (ankommen)

6) Um wieviel Uhr ＿＿＿＿＿ du heute ＿＿＿＿＿? (aufstehen)

Vor der Runden Ecke 旧国家保安省博物館前

シューベルト夫妻は散歩の途中で、東ドイツ時代のことを語ります。

Frau Schubert: Weißt du Miki, ich bin in der DDR geboren. Mein Vater war Bauer und meine Mutter Lehrerin. Meine Eltern hatten einen kleinen Bauernhof in Sachsen-Anhalt. Aber ich wollte nicht Bäuerin werden. Ich wollte studieren und Ärztin werden. Als ich 18 war, bin ich dann nach Leipzig gezogen. Zu der Zeit gab es schon viele Proteste in Leipzig.

Miki: Warum haben die Leute protestiert?

Herr Schubert: In der DDR konnten die Leute nicht frei reisen, oder frei ihre Meinung sagen. Das fanden viele nicht gut. Deshalb haben sie sich vor der Nikolaikirche getroffen und für mehr Freiheit protestiert. Dort haben wir uns auch kennengelernt.

Frau Schubert: Das stimmt. Aber die Stasi hat Roland später verhaftet und in der Runden Ecke, das ist dieses Gebäude, verhört. Wir hatten große Angst.

Herr Schubert: Ich konnte nach 3 Stunden wieder nach Hause gehen. Aber meinen Traumberuf durfte ich nicht mehr studieren. Bald darauf kam die friedliche Revolution.

Frau Schubert: Zwei Jahre später haben wir geheiratet.

Grammatik

2 過去形

過去のことを表す場合、書き言葉で過去形が主に使われます。ただし、sein（→ war）、haben（→ hatte）と話法の助動詞は話し言葉でも過去形がよく使われます。規則動詞の過去基本形は語幹に -te を付けて作ります（lernen「学ぶ」→ lernte「学んだ」）。不規則動詞の過去形は巻末の「不規則動詞変化一覧表（例文付）」で確認してください。

- 過去形も主語に合わせて人称変化します。現在形と違い、1人称単数形と3人称単数形で語尾が付かないのが特徴です。

不定詞		lernen	sein	haben	können
過去基本形		lernte	war	hatte	konnte
ich	-	lernte	war	hatte	konnte
du	-st	lerntest	warst	hattest	konntest
er	-	lernte	war	hatte	konnte
wir	-[e]n	lernten	waren	hatten	konnten
ihr	-t	lerntet	wart	hattet	konntet
sie	-[e]n	lernten	waren	hatten	konnten

- 「〜したとき」と過去の一時点を表すときは、als という接続詞を用います。

  Als ich 18 war, bin ich nach Leipzig gezogen.　私は18歳のとき、ライプツィヒに引っ越しました。

Übungen

1. 下線部に（　　）の動詞の過去形を正しい形にして入れ、文を完成させましょう。

1) Wo _____ ihr gestern? (sein)

2) Er _____ nach Japan reisen. (wollen)

3) Ich _____ gestern hohes Fieber. (haben)

2. （　　）の語句を使って、過去形または現在完了形の文を作りましょう。

1) 私は21歳のとき（sein［過去形］）、ドイツの大学で勉強しました（in Deutschland studieren［現在完了形］）。

2) 私は昨日は一日中（den ganzen Tag）家にいました（zu Hause sein［過去形］）、なぜなら（weil）熱があったからです（Fieber haben［過去形］）。

3) 私は今朝（heute Morgen）起きるのが遅すぎた（zu spät aufstehen［現在完了形］）、それで（deshalb）私はその電車に間に合いませんでした（den Zug nicht rechtzeitig erreichen können［過去形］）。

Johann Sebastian Bach ist am 21. März 1685 in Eisenach geboren. Fast alle Mitglieder seiner Familie waren Musiker. Seine Eltern sind gestorben, bevor er neun Jahre alt war. Deshalb ist er zu seinem älteren Bruder Johann Christoph gezogen. Mit 15 hat er ein Stipendium in Lüneburg bekommen. 1703 war er mit der Schule
5 fertig. Er hat dann z. B. als Violinist für Herzog Johann Ernst von Sachsen-Weimar und als Organist in Arnstadt gearbeitet. Bevor er nach Leipzig gekommen ist, war er Hofkapellmeister in Köthen. Dort hat Bach viele Violinkonzerte, Orchestersuiten und Klavierstücke geschrieben. Im Jahr 1723 hat er in Leipzig die Stelle als Thomaskantor angetreten. Er
10 hat Orgelmusik komponiert, an der Thomasschule Musik, Latein und Griechisch unterrichtet und mit dem heute international bekannten Thomanerchor Gesang geübt.

オルガニスト、オイラーさんのインタビューと演奏の模様をご覧ください。

Kaleidoskop

旧国家保安省博物館

マルクト広場から歩いて数分、環状道路に面して通称 Runde Ecke（丸い角）があります。その名の通り、角が丸くなっている建物で、40 年にわたり東ドイツの国家保障安全省（Ministerium für Staatssicherheit、通称 Stasi シュタージ）のライプツィヒ本部が存在していた場所が現在は博物館として一般に公開されています。シュタージは国民を監視するために設置された秘密警察・諜報機関で、東ドイツ国民は電話を盗聴され、郵便物も開封されることが多くありました。東ドイツ国家は国民の反体制運動を恐れ、「危険分子」を早期に発見し、監視し、必要と判断したときは逮捕しました。監視の強化のため、一般の市民でシュタージのために働く非公式協力員（Inoffizieller Mitarbeiter、通称 IM）を多く雇っていました。そのため、家族による密告もありました。ドイツ統一とともにシュタージの活動が初めて一般に知られるようになり、この博物館は独裁政治、監視国家に対する負の遺産として今も警鐘を鳴らし続けています。

Projektarbeit   **Weltgeschichte**

1. a) ドイツで次の年に何が起こりましたか？　調べて書いてみましょう。

etwa 1450	Johannes Gutenberg hat den Buchdruck erfunden.
1492	
31. Januar 1543	
Mai 1945	
20. Juli 1969	
09. November 1989	

b) **a)** のように年月日を書いた紙をクラスメートと交換して、その時に何が起きたかクイズを出しましょう。

2. 下線部に正しい単語を入れましょう。

Nach dem Zweiten Weltkrieg teilten die Siegerländer G_____ ,
F_____ , U_____ und S_____
Deutschland in v_____ Teile. Sie hießen S_____ . Jeder
Sieger besetzte einen Teil von Deutschland. Auch Berlin bestand damals aus 4
Sektoren. Man wollte gemeinsam über die Zukunft des Landes entscheiden. Aber
die Meinungen zwischen der Sowjetunion und den anderen Siegern waren sehr
unterschiedlich. Deshalb entstanden 1949 zwei deutsche S_____ .
Aus den drei Teilen im Westen entstand die B_____ _____ ,
kurz _____ . Und aus dem sowjetisch besetzten Teil entstand die
D_____ _____ _____ , kurz _____ .

Schreiben

あなたは休暇でドイツにいます。友人のアネグレットにハガキを書きましょう。次の点を入れてください。

- どこにいるか？　誰といるか？ (Köln, Freund/in aus der Uni)
- 天気はどうか？ (leider Regen, windig)
- 何をしたか？ (am Rhein spazieren gehen, Himmel und Erde essen, Kölsch trinken)
- 何を見たか？ (Kölner Dom, Museum Ludwig)
- 呼びかけと結びのあいさつ

Lieb___ Annegret,

_____
_____
_____
_____
_____
_____
_____

Adresse:

Annegret Müller
Münstergasse 12a
3024 Bern
Schweiz

Lektion 10 Dresden
ドレスデン

Szene 1　In der Stadt Dresden　ドレスデン市内

ミキとマックスはドレスデンに観光にやってきました。

Miki: Schau mal, Max. Da ist die Semperoper. Hier werden oft Opern aufgeführt.

Max: Und kennst du auch dieses Gebäude?

Miki: Nein, was ist das?

Max: Das ist der Zwinger. Lass uns reingehen. Den kann man besichtigen. In den Museen im Zwinger werden viele berühmte Bilder und wertvolle Kunstschätze ausgestellt.

Miki: Ich möchte auch die Frauenkirche sehen. Sie wird oft im Fernsehen gezeigt.

Max: Das stimmt. Die Frauenkirche ist international sehr berühmt.

Miki: Aber warum gibt es denn schwarze Steine und weiße Steine in den Wänden der Kirche?

Max: Im Zweiten Weltkrieg wurden viele deutsche Städte von Bomben zerstört. Auch Dresden und Leipzig wurden damals stark beschädigt. An manchen Stellen kann man das sogar noch sehen. In Dresden gab es ein großes Feuer und durch das Feuer ist die Frauenkirche eingestürzt. Erst 1996 wurde mit dem Wiederaufbau begonnen. 2005 wurde die Kirche dann fertiggestellt.

Grammatik

1 受動態

主語のものが「〜する」と動作をすることを表す能動態に対して、「〜される」と動作を受けることを表すには受動態という形を使います。受動態は「過去分詞＋werden」の受動不定詞をもとに作ります。現在完了形では「過去分詞＋worden＋sein」の組み合わせで造ります。

受動不定詞：　aufgeführt werden「上演される」← aufführen「上演する」

Hier werden oft Opern aufgeführt	ここではよくオペラが上演される。
Hier wurden oft Opern aufgeführt.	ここではよくオペラが上演された。
Hier sind oft Opern aufgeführt worden.	ここではよくオペラが上演された。

「〜によって」と動作をした人を表す場合は「von ＋3格」を使います。また、それが事物を表す場合は「durch ＋4格」も使われます。

„Faust" wurde von Goethe geschrieben.　「ファウスト」はゲーテによって書かれた。

Viele deutsche Städte wurden von Bomben / durch Bomben zerstört.

多くのドイツの都市は爆弾によって破壊された。

受動文の主語には対応する能動文の4格目的語だけがなれます。能動文の3格目的語や前置詞が付いた目的語は、受動文でもそのままの形で現れ、1格の主語はありません。動詞の形は3人称単数形になります。文頭に es が置かれる事もあります。

Man begann 1996 mit dem Wiederaufbau der Kirche.

人々は1996年に教会の再建を始めた。

→ Es wurde 1996 mit dem Wiederaufbau der Kirche begonnen.

/ 1996 wurde mit dem Wiederaufbau der Kirche begonnen.

1996年に教会の再建が始められた。

Übungen

次の能動文を受動文にしましょう。 能動文の主語は von によって表してください。ただし、主語が man の場合は受動文では表しません。

1) Er liebt sie.　　　　　　　　　　　　　→ ....

2) Hier baut man nächstes Jahr ein Hotel.　→ ....

3) Franz Kafka schrieb „Die Verwandlung".　→ ....

4) Die Mutter hat dem Kind viel geholfen.　→ ....

5) Martin Luther hat die Bibel übersetzt.　　→ ....

Stadtrundfahrt mit dem Schiff 遊覧船での市内観光

エルベ川の遊覧船に二人は乗り込みます。マックスは何やら用意しています。

Miki: Sieh mal, eine Stadtrundfahrt, die man mit dem Schiff machen kann.

Max: Wollen wir das machen? Hast du Lust?

Miki: Au ja. Das ist eine Erinnerung, die ich bestimmt nicht mehr vergesse.

Miki: Da ist ein Schiff. Ist das das Schiff, das wir nehmen müssen?

Max: Ja, das ist das Schiff, für das wir Fahrkarten gekauft haben.

Reiseführerin: Hier rechts sehen Sie die Brühlsche Terrasse, wo man einen schönen Ausblick auf die Elbe hat. Und gleich sehen Sie noch das „Blaue Wunder", eine Brücke über die Elbe, die als Wahrzeichen der Stadt Dresden betrachtet wird. Und auf dem Rückweg kommen wir noch am Schloss Albrechtsberg vorbei, das wunderschöne alte Zimmer hat, die Sie besichtigen können.

Max: Miki, heute ist der Tag, an dem wir einen Monat zusammen sind. Ich möchte dir …

Miki: Oh, schau mal! Max? Was ist passiert?

Grammatik

 2 関係代名詞

名詞を文で修飾するときは関係代名詞を用います。

	男性	中性	女性	複数
1格	der	das	die	die
2格	dessen	dessen	deren	deren
3格	dem	dem	der	denen
4格	den	den	die	die

定関係代名詞の性と数は、先行詞（＝修飾する名詞）によって決まり、格は関係文の中での役割によって決まります。関係文は副文で、定動詞は最後に置かれます。また、（英語と違い）関係代名詞はどんな場合でも省略できません。主文と関係文は、コンマで区切ります。

Lektion

10

Der Film, **den** ich gestern gesehen habe, war sehr interessant.

  私が昨日見た映画はとてもおもしろかった。

 先行詞と同じなので省略

Der Film war interessant.　Den Film habe ich gestern gesehen.

　　　　関係代名詞になる┘　　　　　└定動詞を文末に持っていき副文にする

前置詞が関係代名詞の前にある場合は、この２つは必ずセットになります。

Wie heißt der Mann, **mit dem** sie gerade spricht?

　　　　　　　　　　　　彼女が今話している男性は何という名前ですか？

(← Wie heißt der Mann.　Sie spricht gerade mit dem Mann.)

Übungen

次の２つの文を関係代名詞を用いて、１つの文にしましょう。

1) Die Frau ist meine Deutschlehrerin. Die Frau steht dort.

  → ....

2) Das ist das Auto.　Das Auto hat er neulich gekauft.

  → ....

3) Kennen Sie vielleicht einen Japaner?　Der Japaner spricht sehr gut Deutsch.

  → ....

4) Das sind meine Kollegen. Ich arbeite eng mit den Kollegen zusammen.

  → ....

5) Heute ist der Tag.　An dem Tag haben wir uns vor einem Jahr kennengelernt.

  → ....

Nach dem Zweiten Weltkrieg wurde Deutschland in Westdeutschland, die BRD,
und Ostdeutschland, also die DDR, geteilt. Die beiden Länder waren 40 Jahre lang
getrennt. 1961 wurde zwischen Ostberlin und Westberlin sogar eine Mauer gebaut.
Das ist die berühmte „Berliner Mauer". So wurde nicht nur Deutschland in zwei
5 Teile geteilt, sondern auch Berlin. Nach dem Bau der Mauer konnten die Menschen
nicht mehr problemlos hin und her reisen. Und besonders in Ostdeutschland wurden
die Leute immer unzufriedener. Ende der 80er Jahre wurde dann viel von den
Ostdeutschen protestiert. In Leipzig wurde immer montags für mehr Freiheit und ein
geeintes Deutschland demonstriert. Deshalb nennt man diese Demonstrationen auch

10 Montagsdemonstrationen. Sie begannen in Leipzig
vor der Nikolaikirche. 1989 wurde dann endlich die
Grenze zwischen der Bundesrepublik Deutschland
und der Deutschen Demokratischen Republik
geöffnet. Und ein Jahr später wurde Deutschland
15 wiedervereint. Nun ist Berlin wieder die einzige
deutsche Hauptstadt.

Kaleidoskop

月曜デモ

ドイツ統一は、平和革命 (die Friedliche Revolution) と呼ばれています。
旧東ドイツでの民主化運動は暴力的な手段を一切用いず、民衆の意志
により平和的な手段で成し遂げられたからです。そのきっかけとなっ
たのが、月曜デモ（Montagsdemonstrationen）です。1981年にライプツィヒのニコライ
教会のクリスティアン・フューラー牧師が始めた「平和の祈り」がやがて様々な教会で
月曜日に行われるようになり、反体制運動に拡がっていきます。当局から弾圧も受けるも、
1989年5月からは月曜デモとして人々は自由と民主化を求めて行進し始めます。SED（社
会主義統一党）はデモを押さえつけようとしますが、デモ参加者は回を追う毎に膨れ上
がります。当初は出国の自由を求めていた民衆ですが、次第に体制の民主化を求めるよ
うになり、„Wir sind das Volk."「我々こそが人民だ」をスローガンにします。これがやが
て、SED体制の崩壊とドイツ統一を求め、„Wir sind ein Volk!"「我々は一つの民族だ」と
いうスローガンに変更していきます。そして、同年11月9日に、SED政治局により、「無

制限の出国の自由」が発表され、ベルリンの壁が崩
壊します。この後、長期間独裁政治を敷いていたホー
ネッカー書記長が失脚し、両ドイツは翌年1990年
10月3日、再統一されることになるのです。

▶ 平和革命についてのインタビューを見てみましょう。

Weihnachten

1. 写真を見てクラスで話しましょう。

- Was sieht man?
- Was ist das?
- Wo ist das?

2. a) ドレスデンの Striezelmarkt はドイツで最も古いクリスマスマーケットの 1 つです。これ
について調べて話してみましょう。

Wo?

Wann?

Was gibt es dort?

Spezialitäten?

Was kann man machen?

Geschichte?

b) ドイツには他にどんなお祭りやイベントがありますか？ 調べた結果をクラスでプレゼン
テーションしましょう。

Schreiben

あなたはクリスマスマーケットに行ったことがありますか？ そこで何ができますか？ 売ってい
るものについて調べて、自分が行きたいかどうか書いてみましょう。

例 👎 Ich mag Weihnachtsmärkte nicht. Dort sind immer zu viele Menschen und alles ist
teuer. Außerdem ist Weihnachten im Dezember. Da ist es mir zu kalt draußen. ...

例 👍 Ich habe schon mal den Weihnachtsmarkt in Yokohama besucht. Es hat mir sehr
gut gefallen. Man konnte Bratwürste und anderes typisches deutsches Essen
kaufen. Mir hat besonders der große Weihnachtsbaum gefallen. ...

Lektion
10

Szene 1 **Umweltforschungszentrum** 環境研究センター

ドイツの環境保護に興味のあるミキはラウラとともに環境研究センターを訪れています。

Mitarbeiterin: Willkommen im Umweltforschungszentrum. Hier kann man viel über Umweltschutz lernen. Denn es ist wichtig, die Umwelt zu schützen.

Miki: Ich finde es auch wichtig, sich zu engagieren. Ich versuche, nicht so viel Plastik zu kaufen. Was kann man denn noch tun?

Mitarbeiterin: Das ist ein guter Anfang. Ich empfehle euch, Lebensmittel aus der Region zu kaufen und mehr mit Bus und Bahn zu fahren. In Städten kann man auch das Fahrrad nutzen. Da ist man oft sogar schneller.

Laura: Oje, dann kann ich mir doch keinen Porsche kaufen.

Miki: Du Arme! Aber es stimmt schon. Es ist nicht leicht, das Auto stehenzulassen.

Mitarbeiterin: Es ist auch gut, Kleidung in Second-Hand-Läden zu kaufen und alte Kleidung zu spenden.

Miki: Das kann ich! Ich kaufe total gerne ein! Also, in Second-Hand-Läden natürlich.

Grammatik

2-40 **1** **zu 不定詞句**

動詞の不定詞の前に zu を置いたものを zu 不定詞と呼び、それを含む句が zu 不定詞句です。zu 不定詞句の中に主語はありません。zu 不定詞句にすることで、動詞句に名詞や形容詞の機能を持たせることができます。分離動詞の zu 不定詞は、前つづりと基礎動詞部分の間に zu を入れて1語でつづります。

einkaufen 買い物をする → ein**zu**kaufen 買い物をすること

次の用法があります。

主語や述語： Die Umwelt zu schützen ist wichtig. 環境を保護することは大切です。
= Es ist wichtig, die Umwelt zu schützen.

目的語： Ich empfehle euch, Lebensmittel aus der Region zu kaufen.
私は君たちに地域の食料品を買うことを勧めます。

名詞の修飾句： Hast du Lust, heute mit mir ins Kino zu gehen?
今日私と一緒に映画を見に行く気はある？

副詞句：

um ... zu 不定句 〜するために： Sie spart Geld, um nach Deutschland zu fahren.
彼女はドイツに行くために貯金している。

ohne ... zu 不定句 〜しないで： Er benutzt das Auto seines Vaters, ohne ihn zu fragen.
彼は尋ねもしないで、父親の車を使う。

statt ... zu 不定句 〜する代わりに：
Er spielt Computerspiele, statt seine Hausaufgaben zu machen.
彼は宿題をする代わりに、コンピューターゲームをする。

Übungen

2-41 1. （　　）の中の語句を zu 不定詞句にして、文を完成させましょう。

1) Es ist wichtig, _____. (viel Gemüse essen)

2) Ich hoffe, _____. (Sie bald wiedersehen)

3) Ich habe jetzt keine Zeit, _____. (in die Stadt fahren)

4) Er hat vergessen, _____. (die Tür abschließen)

2-42 2. （　　）の語句を使って、次の文をドイツ語にしましょう。

1) 外国語を勉強する（eine Fremdsprache lernen）ことは大切だ。

→ _____

2) 彼女はこの夏（diesen Sommer）オーストリアに行く（nach Österreich fahren）予定です（vorhaben + zu 不定詞句）。

→ _____

3) 私はその試験に合格する（die Prüfung bestehen）ために、毎日（jeden Tag）ドイツ語を勉強しています。

→ _____

Lektion

11

Szene 2   **Silvester** 大晦日

ドイツの大晦日は友人たちで集まります。

Alle: 3 – 2 – 1 Frohes neues Jahr!

Max: Was sind eure guten Vorsätze für das neue Jahr?

Laura: Ich werde mehr Sport machen und noch stärker werden.

Max: Noch stärker ...

Miki: Ich werde noch fleißiger Deutsch lernen. Und du? Was nimmst du dir vor?

Max: Ich werde noch mehr Tore beim Fußball schießen! ... Und ich werde nach Japan reisen.

Laura: Oho! Sieh an, sieh an!

Max: Dein Jahr in Leipzig und an der Leipziger Uni ist bald um, nicht wahr, Miki.

Miki: Ja, das stimmt. Die Zeit verfliegt, wie die Deutschen sagen.

Laura: Es ist wirklich schade, dass du bald wieder nach Japan zurückkehren musst. Ich werde ... nein, wir werden dich sehr vermissen.

Grammatik

2 未来形

werden ＋不定詞で、いわゆる「未来形」ができます。ただし、ドイツ語では現在形で未来のことを表せるので、この形は主語に応じて次のニュアンスで用いられます。

Ich werde das mit Sicherheit machen!	私はそれをどうしてもやるぞ！（1人称＝強い意志）
Du wirst jetzt ins Bett gehen!	もう寝なさい！（2人称＝高圧的な命令）
Er wird wohl im Büro sein.	彼はおそらくオフィスだろう。（3人称＝推量）

Lektion

11

Übungen

(2-45) 1. 次の文を werden を使った未来形にして、意味の違いを考えましょう。

1) Ich jogge jeden Morgen. → ....

2) Sie ist morgen zu Hause. → ....

3) Es regnet bald. → ....

4) Er hat die Arbeit schon geschrieben.

→ ....

(2-46) 2. 例を参考に、新年の抱負を述べましょう。werden を使った未来形にし、肯定文か否定文かは自分で考えましょう。

例 rauchen → Ich werde nicht mehr rauchen.

1) bis Mitternacht Computerspiele spielen → ....

2) jeden Tag Hamburger essen → ....

3) die Treppe nehmen → ....

4) mit dem Fahrrad zur Uni fahren → ....

5) gesund essen → ....

Weihnachten ist das wichtigste christliche Fest in Deutschland. Vier Wochen vor dem Heiligabend beginnt die Adventszeit. In dieser Zeit bereitet man sich auf Weihnachten vor, indem man z. B. auf den Weihnachtsmarkt geht oder Geschenke kauft. Am Heiligabend, also am 24.12., feiert man Weihnachten mit der Familie.
5　Man isst zusammen Wiener Würstchen und Kartoffelsalat, und tauscht Geschenke aus. Viele gehen auch zur Weihnachtsmesse in die Kirche. Der erste Weihnachtstag am 25.12. und der zweite Weihnachtstag am 26.12. sind Feiertage. Man verbringt Zeit mit den Eltern und Großeltern, und isst zusammen traditionelle Speisen wie Gänsebraten oder Karpfen.

10　Silvester ist in Deutschland eher eine Feier mit Freunden. Man trifft sich meistens zu Hause, isst, trinkt und macht z. B. auch Bleigießen, um vorauszusagen, was in der Zukunft passieren wird. Ab null Uhr machen viele Leute vor dem Haus Feuerwerk und sagen ihre guten Vorsätze für das
15　neue Jahr. Man ist oft lange wach, deshalb verbringen viele Deutsche den Neujahrsvormittag im Bett. Ab dem 2. Januar wird wieder gearbeitet.

Kaleidoskop

ドイツの環境政策

ドイツは世界で最も環境政策が進んでいる国の一つです。2020 年時点で、すでに全消費エネルギーの半分を再生可能エネルギーで占めています。主力となるのが風力発電で、ドイツのいたるところで、発電のための風車を見かけます。原子力発電に関しては、1986 年のチェルノブイリ原発事故をきっかけとして、環境意識が高まったのを受け、2002 年に当時の社会民主党と緑の党の連立であるシュレーダー政権が 2023 年を目処にすべての原発を廃止する方針を立てました。その後、キリスト教連合のメルケル政権になり、経済的な理由から原発の延長稼働を決定した矢先、2011 年に福島の原発事故が発生します。それを受けて、メルケル政権はすぐに原発を廃止する（正確には延長稼働の決定を白紙に戻す）ことを決定しました。それに応じて、2035 年までに再生可能エネルギーの割合を 65% にすることで国を挙げて取り組んでいます。しかしながら、その前提になるのは、フランスから原子力発電で造られた電力と、ロシアからの天然ガスの安定供給です。2022 年のロシアによるウクライナ侵攻が勃発し、ドイツのエネルギー政策も先が見えない状況に陥っています。

▶ ドイツでは環境に関する研究も盛んに行われています。環境研究センターの所員のインタビューを見てみましょう。

Recycling

1. 写真と対応するゴミを選んでください。

a) Müll aus Plastik b) Altpapier c) Altmetall
d) Altglas e) Biomüll f) Restmüll

1

2

3

4

5

6

2. どのゴミをどのダストボックスに入れますか？ 次のテキストを読み、上の a) - f) をあてはめましょう。

In den 1990er Jahren hat man in Deutschland beschlossen, den Müll zu trennen. So kann er später besser recycelt werden. Vor oder hinter den Häusern in Deutschland stehen deshalb mehrere große Mülltonnen. Sie sind grau, gelb, blau und grün oder braun. In die gelben Tonnen werden Dosen aus Metall wie Getränkedosen oder
5 Verpackungen aus Plastik wie Joghurtbecher geworfen. Altpapier wie Zeitungen, Zeitschriften oder Kartons kommt in die blauen Tonnen. Lebensmittelreste und anderen Biomüll wirft man in eine grüne oder braune Tonne, je nach Stadt oder Bundesland. Glas bringt man zu Glascontainern, die oft an Straßenecken stehen. Müll, der nicht zu einer dieser Tonnen passt, wird in die graue Tonne geworfen. Batterien, alte Elektrogeräte
10 oder Chemikalien gehören nicht in die Mülltonnen. Um sie wegzuwerfen, muss man sie zu einer Sammelstelle für Sondermüll bringen. Diese Sammelstellen heißen auch Wertstoffhof. Alte Kleidung kann man in einer Kleiderkammer abgeben oder in einen Altkleidercontainer werfen. Auch in öffentlichen Gebäuden, Bahnhöfen und Flughäfen trennt man den Müll.

1

2

3

e blaue Tonne .... *e* graue Tonne .... *e* grüne Tonne ....

4

5

e gelbe Tonne .... *r* Glascontainer ....

Schreiben

あなたの街のゴミ収集、ゴミ分別について書きましょう。

Szene 1 **Ich wäre gerne auf Hawaii.** ハワイに行きたいなぁ。

ミキの帰国が迫って来たある日、ラウラとマックスと集まって願望を話しています。

Laura: Ich wäre jetzt gerne auf Hawaii am Strand. Da würde ich einen leckeren Cocktail trinken. Wo wärt ihr jetzt gern?

Miki: Also ich wäre jetzt lieber zu Hause und würde mir etwas im Fernsehen ansehen oder Computerspiele spielen. Da könnte ich so richtig faul herumliegen.

Laura: Du Faultier!

Miki: Wo wärst du gerne, Max?

Max: Hier. Hier finde ich es im Moment am besten.

Laura: Noch. Aber was machst du in zwei Wochen, wenn Miki wieder in Japan ist?

Max: Ich könnte in den Winterferien nach Japan fahren ...

Miki: Das wäre schön. Darüber würde ich mich sehr freuen.

Grammatik

1 接続法

ある事柄を、単に考えられたこと・言われたこととして表す動詞の形を接続法と言います。接続法には第1式と第2式の二つの形がありますが、よく使われる第2式の形をここでは勉強します。（第1式は「学生用補足文法集」にあります。）

2 接続法第2式の人称変化

第2式基本形：　規則動詞の場合 → 過去基本形と同じ

不規則動詞の場合 → 過去基本形の幹母音を（それがa, o, u, auなら）ウムラウトさせ、
-eで終わらせたもの。

不定詞		lernen	sein	haben	werden	können
過去基本形		lernte	wäre	hätte	würde	könnte
ich	-	lernte	wäre	hätte	würde	könnte
du	-st	lerntest	wär(e)st	hättest	würdest	könntest
er	-	lernte	wäre	hätte	würde	könnte
wir	-n	lernten	wären	hätten	würden	könnten
ihr	-t	lerntet	wär(e)t	hättet	würdet	könntet
sie	-n	lernten	wären	hätten	würden	könnten

Lektion

12

3 非現実話法

実際にはないことを単に仮定として述べることを非現実話法といいます。前提部（「もし…だったら」）と結論部（「…だろうに」）の両方に接続法第2式を用います。主文にはwürdeがよく使われます。

Wenn ich Zeit und Geld hätte, würde ich nach Hawaii fahren.

もし時間とお金があれば、ハワイに行くのに。

主文だけでも非現実の想定を表すことができます。

Ich wäre jetzt gerne auf Hawaii am Strand.

Übungen

（　）の動詞を接続法第2式にして、非現実の想定を表しましょう。

1) Wenn ich nicht so viel zu tun _____ (haben), _____ (können) ich zur Party gehen.

2) Wenn das Wetter schön _____ (sein), _____ (werden) ich spazieren gehen.

3) Was _____ (werden) Sie machen, wenn Sie Premierminister von Japan _____ (sein)?

Szene 2 　Abschied am Hauptbahnhof　中央駅での別れ

あっという間の１年間が過ぎ、ミキの帰国の日になりました。

Max: Was würdest du machen, wenn du noch mehr Zeit in Deutschland hättest?

Miki: Ich hätte eine schicke Wohnung in Hamburg oder München gemietet. Da hätte ich noch viel erleben und ansehen können.

Max: Da müsstest du aber viel Geld haben. In München sind die Mieten sehr hoch.

Miki: Wenn ich im Lotto gewonnen hätte, wäre das kein Problem gewesen.

Max: Du spielst Lotto?

Miki: Noch nicht. Ich werde dich total vermissen. Wenn ich nicht nach Leipzig gekommen wäre, hätte ich dich nicht kennengelernt.

Max: Könntest du nicht doch noch ein paar Wochen bleiben?

Miki: Ich wäre gerne noch ein paar Tage oder auch Wochen geblieben, aber ich muss nach Japan zurück und mein Studium abschließen. Ohne dich hätte ich nicht so viel über die deutsche Geschichte und deutsche Männer gelernt.

Max: Miki...

Grammatik

4 接続法の過去の表し方

接続法には直説法のような過去形はありません。過去の事実に反することを述べるときは、「過去分詞＋ haben/sein」の完了形の haben/sein を接続法第 2 式にして表します。

> **Wenn ich Zeit und Geld gehabt hätte, wäre ich nach Hawaii geflogen.**
>
> もし時間とお金があったら、私はハワイに行ったでしょう。

前提部は、wenn を用いずに、接続法第 2 式の動詞から始めることもできます。

> **Hätte ich Zeit und Geld gehabt, wäre ich nach Hawaii geflogen.**

- 副文の形の前提部がなく、主文の中の一要素が前提条件を表すこともあります。

> **Ohne deine Hilfe könnte ich das nicht schaffen.**
>
> 君の助けがなかったら、私はそれをできないだろう。

- hätte .... sollen の形は…すべきだった（のにしなかった）」の意味を表します。

> **Das hättest du vorher machen sollen.** それを君はもっと前にやっておくべきだった。

Lektion

12

Übungen

例にならって、事実と異なる仮定の文を作りましょう。

> 例 Ich habe keine Zeit. Ich kann nicht zur Party gehen. 私は時間がない。私はパーティーに行けない。
>
> → **Wenn ich Zeit hätte, könnte ich zur Party gehen.** もし私に時間があったら、パーティーに行けるのに。

1) Ich habe nicht viel Geld. Ich werde keine Weltreise machen.

→ _____

2) Es ist draußen so kalt. Ich werde nicht einkaufen gehen.

→ _____

3) Ich hatte keine Zeit. Ich bin nicht zur Party gegangen.

→ _____

4) Miki hat viel Deutsch gelernt. Sie kann sich gut mit Max unterhalten.

→ _____

2-55 Lesetext　　　　　　Eine Email von Max

Liebe Miki,

wie geht es dir?
Wie läuft es an der Uni? Und wie kommst du mit dem Lernen für deine Prüfungen voran?

Hier in Deutschland ist es jetzt schon warm und oft sonnig. Wie ist das Wetter in Japan?
5　Ist es heiß?
Ich habe online endlich ein gutes und günstiges Flugticket nach Japan gefunden und
gleich gekauft. Ich komme am 5. August in Narita an. Am 23. August fliege ich dann
wieder zurück. Ich freue mich schon sehr darauf, dich endlich wiederzusehen.
Meinst du, mein Japanisch reicht mittlerweile, um vom Flughafen nach Tokyo und bis
10　ins Hotel zu fahren? Oder könntest du mich abholen? Das wäre natürlich am besten!
Ich würde in meiner Zeit in Japan gern den Skytree besuchen. Könnten wir das machen?
Ich habe im letzten halben Jahr viel über Japan und Tokyo gelesen. Und ich habe auch
schon viele Pläne für dich und mich. Wie wäre es mit einer Fahrt nach Kyoto oder Osaka?

Sag mir bitte Bescheid.

15　Liebe Grüße aus Leipzig
Dein Max

ドイツ語を学ぶこと

新しい言語を学ぶ理由はたくさんあるでしょう。言語学習を通して、文法や語彙だけでなく、その言語が話される国や地域、その文化についても新しい知識を得ることができます。ゲーテが、Wer fremde Sprachen nicht kennt, weiß nichts von seiner eigenen.「外国語を知らない者は、自分自身の言語について何もわかってない」と言っているように、外国語をとおして、自分自身を相対化することもできます。さらに、キャリアアップのチャンスも広がります。 世界はますますグローバル化していくので、活躍するためには言語能力に加えて、異文化間コミュニケーション能力が今以上に重要になってきます。今後、たとえ翻訳ソフトが進歩しようと、機械が人間同士のつながりを代替することはないでしょう。

皆さんの多くは大学の語学の授業で1年あるいは2年間ドイツ語を学んできたと思いますが、大学の語学の授業は時間が限られており、この段階ではまだドイツ語を使いこなせるようにはなっていないでしょう。ですから、ここで学習をやめないで、毎日少しでもいいので、続けていってください。語学学校に通うことはもちろん良いことですが、ドイツ国営放送のDeutsche Welleのサイトでは無料で質の高い語学教材が提供されています。また、DAAD（ドイツ学術交流会）は、1年またはそれ以上の期間、ドイツに留学を希望する学生に対し、奨学金など経済的支援を行っています。是非、活用してください。

▶　Leipzig大学付属の語学学校interDaFの所長のインタビューを見てみましょう。

Heimat

1. Heimat ist, wo das Herz ist.

   a) このドイツの慣用句はどういう意味でしょうか？ クラスメートと話してみましょう。

   b) あなたはその意見に賛成ですか、反対ですか？ 理由とともに言ってみましょう。

2. あなたにって故郷とは何ですか？ 何を思い浮かべますか？ 次の点についてクラスメート話して欄に書き入れましょう。

	ich	Partner / Partnerin
Geruch 匂い		
Menschen 人々		
Essen 食事		
Traditionen 伝統		
Klänge / Geräusche 音		
Farben 色		
Landschaft 風景		

Lektion

12

Schreiben

ドイツから友人があなたを訪ねてやってきます。日本で一緒に何ができるかを計画し、メールを書きましょう。所々、接続法を使ってください。

Lieber / Liebe _____ ,

不規則動詞変化一覧表（例文付）

 2-56

不定形 不規則現在形	過去基本形 〈接続法2式〉	過去分詞	暗記用例文
beginnen 始まる	begann 〈begänne〉	begonnen	Das Konzert hat um sieben Uhr begonnen. コンサートは 19 時に始まった。
bewerben 再 応募する bewirbst / bewirbt	bewarb 〈bewürbe〉	beworben	Ich habe mich um das Stipendium beworben. 私はその奨学金に応募した。
bitten 頼む	bat 〈bäte〉	gebeten	Er hat mich gebeten, die Arbeit zu machen. 彼は私にその仕事をするよう頼んだ。
bleiben (s) とどまる	blieb 〈bliebe〉	geblieben	Gestern ist er den ganzen Tag im Bett geblieben. 昨日彼は一日中寝ていた。
brechen 折る brichst / bricht	brach 〈bräche〉	gebrochen	Ich habe mir den Arm gebrochen. 私は腕を折った。
brennen 燃える	brannte 〈brennte〉	gebrannt	In der Nähe meines Hauses hat gestern ein Haus gebrannt. 私の家の近くで昨日家が焼けた。
bringen 持っていく	brachte 〈brächte〉	gebracht	Sie hat das Paket zur Post gebracht. 彼女はその小包を郵便局へ持っていった。
denken 考える	dachte 〈dächte〉	gedacht	Sie hat oft an ihre Eltern gedacht. 彼女はよく両親のことを考えた。
dürfen …してもよい darfst / darf	durfte 〈dürfte〉	dürfen (gedurft)	Wegen seiner Krankheit durfte er nicht verreisen. 病気のため彼は旅行を許されなかった。
empfehlen 薦める empfiehlst / empfiehlt	empfahl 〈empföhle〉	empfohlen	Der Lehrer hat mir dieses Buch empfohlen. 先生は私にこの本を薦めた。
essen 食べる isst / isst	aß 〈äße〉	gegessen	Zu Mittag habe ich Pizza gegessen. お昼にはピザを食べました。
fahren (s) （乗り物で）行く fährst / fährt	fuhr 〈führe〉	gefahren	Er ist mit dem Zug nach Hamburg gefahren. 彼は電車でハンブルクに行きました。
fallen (s) 落ちる fällst / fällt	fiel 〈fiele〉	gefallen	Die Tasse ist ihr aus der Hand gefallen. カップが彼女の手から落ちた。

fangen 捕まえる fängst / fängt	fing 〈finge〉	gefangen	Die Polizei hat den Täter gefangen. 警察は犯人を捕まえた。
finden 見つける	fand 〈fände〉	gefunden	Er hat eine neue Arbeitsstelle gefunden. 彼は新しい勤め先を見つけた。
fliegen (s) 飛ぶ	flog 〈flöge〉	geflogen	Ich bin mit der Lufthansa nach Frankfurt geflogen. 私はルフトハンザでフランクフルトに行った。
geben 与える gibst / gibt	gab 〈gäbe〉	gegeben	Der Vater hat den Kindern viel Taschengeld gegeben. 父親は子どもたちに小遣いをたくさんやった。
gehen (s) 行く	ging 〈ginge〉	gegangen	Am Sonntag bin ich ins Kino gegangen. 日曜日に私は映画に行きました。
haben 持っている hast / hat	hatte 〈hätte〉	gehabt	Ich hatte kein Geld dabei. 私はお金を持ち合わせていなかった。
halten つかんでいる hältst / hält	hielt 〈hielte〉	gehalten	Die Mutter hat das Kind fest an der Hand gehalten. 母親は子どもの手をしっかり握っていた。
heben 持ち上げる	hob 〈höbe〉	gehoben	Sie hat das Baby aus der Wiege gehoben. 彼女は赤ちゃんをゆりかごから抱き上げた。
helfen 手伝う hilfst / hilft	half 〈hülfe〉	geholfen	Der Sohn hat der Mutter beim Abwaschen geholfen. 息子は母親が洗い物をするのを手伝った。
kennen 知っている	kannte 〈kennte〉	gekannt	Damals habe ich ihn noch nicht gekannt. 当時，私は彼をまだ知りませんでした。
kommen (s) 来る	kam 〈käme〉	gekommen	Die Frau ist pünktlich gekommen. その女の人は時間通りに来た。
können …できる kannst / kann	konnte 〈könnte〉	können (gekonnt)	Seine Tochter konnte schon mit 15 Monaten sprechen. 彼の娘は 15 ヶ月でもう話せた。
laden 積む lädst / lädt	lud 〈lüde〉	geladen	Das Schiff hat sechzigtausend Tonnen Erdöl geladen. その船は 6 万トンの石油を積んでいた。
lassen …させる lässt / lässt	ließ 〈ließe〉	lassen (gelassen)	Er hat seinen Hund im Freien laufen lassen. 彼は自分の犬を広いところで走らせた。

laufen (s) 走る läufst / läuft	lief 〈liefe〉	gelaufen	Die Kinder sind um die Wette gelaufen. 子どもたちはかけっこをした。
lesen 読む liest / liest	las 〈läse〉	gelesen	Ich habe das Buch schon zu Ende gelesen. 私はその本をもう終わりまで読んだ。
liegen 横たわっている	lag 〈läge〉	gelegen	Im Urlaub hat sie den ganzen Tag am Strand gele- gen. 休暇中彼女は一日中海岸で寝そべっていた。
lügen 嘘をつく	log 〈löge〉	gelogen	Weil das Kind immer gelogen hat, glaubt ihm nie- mand mehr. その子供はいつも嘘ついていたので，もう誰も信じない。
mögen …かもしれない・好きだ magst / mag	mochte 〈möchte〉	mögen (gemocht)	Als Kind mochte ich keinen Fisch. 子どもの時，私は魚が好きでは無かった。
müssen …しなければならない musst / muss	musste 〈müsste〉	müssen (gemusst)	Er musste seinen Besuch absagen, weil er krank war. 彼は病気だったので，訪問を取りやめなければならなかった。
nehmen 取る nimmst / nimmt	nahm 〈nähme〉	genommen	Sie hat das Geschirr aus dem Schrank genommen. 彼女は食器を戸棚から取り出した。
nennen 名付ける	nannte 〈nennte〉	genannt	Sie haben ihre Tochter Beate genannt. 彼らは自分の娘をベアーテと名付けた。
rufen 呼ぶ	rief 〈riefe〉	gerufen	Wir haben für den Gast ein Taxi gerufen. 私たちはお客さんのためにタクシーを呼んだ。
scheinen 輝く	schien 〈schiene〉	geschienen	Die Sonne hat den ganzen Tag geschienen. 太陽が一日中照っていた。
schlafen 眠る schläfst / schläft	schlief 〈schliefe〉	geschlafen	Haben Sie gut geschlafen? よく眠れましたか？
schlagen 打つ schlägst / schlägt	schlug 〈schlüge〉	geschlagen	Er hat einen Nagel in die Wand geschlagen, um das Bild aufzuhängen. 彼は絵を掛けるために，壁に釘を打ち付けた。
schließen 閉める	schloss 〈schlösse〉	geschlossen	Heute haben sie den Laden schon geschlossen. 今日彼らはもう店を閉めた。
schreiben 書く	schrieb 〈schriebe〉	geschrieben	Sie hat ihrem Freund eine E-Mail geschrieben. 彼女は彼氏にメールを書いた。

schreien 叫ぶ	schrie 〈schriee〉	geschrien	Das Baby hat die ganze Nacht geschrien. その赤ちゃんは一晩中泣き叫んでいた。
schwimmen (s, h) 泳ぐ	schwamm 〈schwömme〉	geschwommen	Ich bin heute zwei Stunden geschwommen. 私は今日2時間泳いだ。
sehen 見る siehst / sieht	sah 〈sähe〉	gesehen	Hast du den Film schon gesehen? 君はその映画をもう観た？
sein (s) （で）ある bist / ist	war 〈wäre〉	gewesen	Wo warst du denn gestern Abend? 君は昨日の晩はどこにいたの？
singen 歌う	sang 〈sänge〉	gesungen	Die Kinder haben Weihnachtslieder gesungen. 子ども達はクリスマスソングを歌った。
sitzen 座っている sitzt / sitzt	saß 〈säße〉	gesessen	Ich habe sechs Stunden am Schreibtisch gesessen. 私は6時間机に向かって座っていた。
sollen …べきだ sollst / soll	sollte 〈sollte〉	sollen (gesollt)	Soll ich das Fenster aufmachen? 窓を開けましょうか？
sprechen 話す sprichst / spricht	sprach 〈spräche〉	gesprochen	Der Ausländer hat perfekt Deutsch gesprochen. その外国人は完璧にドイツ語を話した。
springen (s) 跳ぶ	sprang 〈spränge〉	gesprungen	Das Kind ist auf die Straße gesprungen. その子は道路に飛び出した。
stehen 立っている	stand 〈stünde〉	gestanden	Viele Leute haben vor dem Schalter gestanden. 多くの人がレジの前に立っていた。
stehlen 盗む stiehlst / stiehlt	stahl 〈stähle〉	gestohlen	Jemand hat mir das Fahrrad gestohlen. 誰かが私の自転車を盗んだ。
steigen (s) 登る	stieg 〈stiege〉	gestiegen	Sie ist zum ersten Mal auf den Fuji gestiegen. 彼女は初めて富士山に登った。
sterben (s) 死ぬ stirbst / stirbt	starb 〈stürbe〉	gestorben	Sein Großvater ist an Krebs gestorben. 彼の祖父は癌で亡くなった。
stoßen 突く stößt / stößt	stieß 〈stieße〉	gestoßen	Sie hat mich mit dem Ellbogen gestoßen. 彼女は肘で私をつついた。

tragen 運ぶ trägst / trägt	trug 〈trüge〉	getragen	Der Schüler hat die Mappe unter dem Arm getragen. 　その生徒はかばんを小脇に抱えていた。
treffen 会う triffst / trifft	traf 〈träfe〉	getroffen	Ich habe sie beim Einkaufen getroffen. 　私は彼女に買い物をしているときに出会った。
treten (h, s) 踏む trittst / tritt	trat 〈träte〉	getreten	Im Zug ist mir jemand auf den Fuß getreten. 　電車の中で誰かが私の足を踏んだ。
trinken 飲む	trank 〈tränke〉	getrunken	Gestern habe ich zu viel Bier getrunken. 　昨日はビールを飲みすぎた。
tun する tust / tut	tat 〈täte〉	getan	Was hat er denn getan? 　彼はいったい何をしたのですか？
vergessen 忘れる vergisst / vergisst	vergaß 〈vergäße〉	vergessen	Ich habe vergessen, was ich sagen wollte. 　私は，何が言いたかったのかを忘れてしまった。
waschen 洗う wäschst / wäscht	wusch 〈wüsche〉	gewaschen	Hast du dir schon die Hände gewaschen? 　もう，手を洗ったかい？
werden (s) なる wirst / wird	wurde 〈würde〉	geworden (worden)	Mein Traum ist Wirklichkeit geworden. 　私の夢は現実になった。
werfen 投げる wirfst / wirft	warf 〈würfe〉	geworfen	Er hat vor Wut das Buch an die Wand geworfen. 　彼は怒りのあまりその本を壁に投げつけた。
wissen 知っている weißt / weiß	wusste 〈wüsste〉	gewusst	Ich habe die Antwort nicht gewusst. 　私はその答えを知らなかった。
wollen …したい willst / will	wollte 〈wollte〉	wollen (gewollt)	Das wollte ich nicht machen. 　それはやりたくなかった。
ziehen 引く	zog 〈zöge〉	gezogen	Der Zahnarzt hat ihm einen Zahn gezogen. 　歯医者は彼の歯を一本抜いた。
zwingen 強いる	zwang 〈zwänge〉	gezwungen	Er hat mich gezwungen, ihm Geld zu geben. 　彼は無理やり私に金を出させた。

●出演・撮影協力（順不同）

Honoka Oka

Michael Schmidt

Lea Nikol

Dr. Anke Schmidt-Wächter (interDaF e. V. am Herder-Institut der Universität Leipzig)

Lukas Euler (Organist)

Martina Hennig

Monika Kölsch

Michael Kölsch (Stiftung Friedliche Revolution)

Tilo Piegholdt (Weingut Schloss Proschwitz)

Marlies Krogull (EVA SON Leipzig)

Doris Wolst (Helmholtz-Zentrum für Umweltforschung GmbH)

Ronny Goldgrebe (Auerbachs Keller Leipzig)

Elisabeth Wölbling (Wölbling Hausärzte, Bad Lauchstädt)

Angelo Aulbach (Wölbling Hausärzte, Bad Lauchstädt)

Uta Johannes (Stadt Leipzig)

Alexander Grus (Marktamt, Stadt Leipzig)

Susan Reimann und Thomas Reimann

Claudia Kehl

Mami Wende und Erik Wende

Deutsche Bahn AG

PROMENADEN Hauptbahnhof Leipzig

REWE Philipp Barthel oHG

Thomaskirche

Zoo Leipzig

Völkerschlachtdenkmal

Weiße Flotte Dresden

Studentenwerk Leipzig

●撮影
Hiroshi Toyoda

●現地コーディネート
Hisako Yoshizawa (Researching Plus GmbH)

●総合コーディネート
株式会社 フィクス

表紙デザイン： ease

本文デザイン： mi e ru 渡辺恵

本文イラスト： 駿高泰子（Yasuco Sudaka）

写真提供： Shutterstock.com、
ロイター／アフロ（60頁下）

ドイツ語の時間〈わくわくライプツィヒ〉

検印
省略

©2023年1月30日　初版発行

編著者　　　　　清　野　智　昭
　　　　　　　　Eva Wölbling

発行者　　　　　小　川　洋一郎
発行所　　　　　株式会社 朝日出版社
　　　　　〒101-0065 東京都千代田区西神田 3-3-5
　　　　　　　　電話　(03) 3239-0271・72（直通）
　　　　　　　　振替口座　東京　00140-2-46008
　　　　　　　　組版／メディアアート　印刷／図書印刷

ISBN 978-4-255-25460-9 C1084
https://www.asahipress.com